우리나라 최초의 여성 비행사

권기옥

두레아이들 인물 읽기 ❾

우리나라 최초의 여성 비행사

권기옥

박세경 지음　김세진 그림

두레아이들

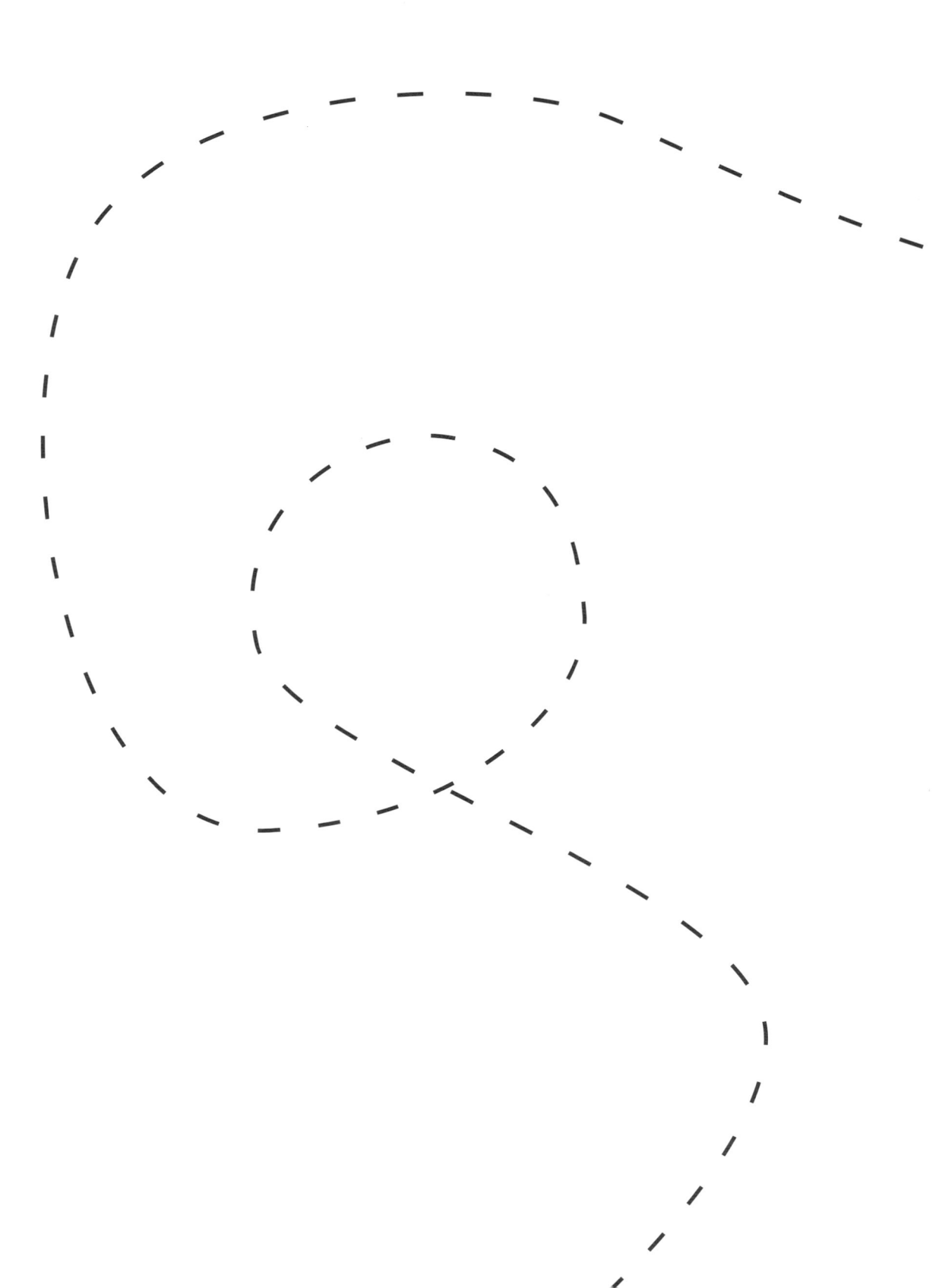

머리말

비행기에서 일본군을 향해 총을 쏘는 모습을 상상해 보아요. 비행기에 폭탄을 싣고 일본으로 날아가 일본에 떨어뜨리는 모습을 상상해 보아요. 하나는 권기옥이 비행사로서 실행했던 모습이고, 또 하나는 그가 독립운동을 하면서 꾸었던 꿈이에요.

　우리는 한때 일제에 나라를 빼앗겼습니다. 일제는 우리를 못살게 굴고, 우리 민족의 글을 못 쓰게 했어요. 그래서 하고 싶은 말도 제대로 못 했고, 우리 마음대로 살지 못했지요. 그들이 하라는 대로 해야 했지요. 이때를 일제 강점기라 말합니다.

　일제 강점기에 잃어버린 우리나라를 되찾으려 몸을 바친 사람들이 많았어요. 각자 할 수 있는 일을 하며 독립을 이루려 노력한 사람들이 매우 많았답니다. 이들을 독립운동가, 독립지사라 부르지요.

평양에서 태어난 여자아이는 어느 날 하늘을 나는 비행기를 보고 조종사를 꿈꾸었고, 그 꿈으로 독립을 이루려고 비행기 조종사가 되었습니다. 비행기를 보는 것도 드물었던 그 시기에 비행사를 꿈꾸었답니다. 꿈이란 어려운 것을 이룰 수 있게 해 주기 때문에 중요하지요.

그 여자아이는 어려서부터 좋은 선생님을 만나 역사 교육도 받고 독립운동의 의지도 불태웠습니다. 어린 시절의 교육이 여자아이에게 앞으로 살아가는 데 중요한 지침이 되었습니다.

이 두 가지, 꿈과 교육의 힘을 보여 준 분이 있습니다. 바로 권기옥 지사입니다. 좋은 선생님에게서 역사 교육을 받아 독립사상을 받아들이고, 하늘을 날고 싶다는 꿈으로 비행기 조종사가 되었어요. 조종사가 되어 우리나라의 독립을 위해 몸을 바쳐 독립운동을 한 분이랍니다.

권기옥 지사도 어려움을 많이 겪었습니다. 아침 일찍 일어나 밥을 지어 놓고 학교에 가고, 때로는 동생을 업고 학교에 가기도 했어요. 학교에 갔다 와서는 밤늦게까지 바느질도 했어요. 배우고 싶다는 생각으로 이런 어려움쯤은 거뜬히 이겨 냈어요. 항공학교에 다니려고 중국의 윈난이라는 아주 먼 곳을, 배를 타고 기차를 타고 때로는 걸어서 남자로 변장도 하면서 험한 길을 가기도 했습니다.

남자도 하기 어려운 비행교육을 이를 악물고 받아 비행사가 되었어요. 권기옥 지사는 꿈을 이루기 위해 엄청난 노력을 했어요. 그리고 마침내 소원대로 비행사가 되었어요.

여러분의 꿈은 무엇인가요? 목숨을 걸고서라도 이루고 싶은 꿈은 있나요?

이제, 기옥이 어떻게 꿈을 키웠는지, 어떻게 독립운동을 했는지 알아볼까요? 그럼, 기옥이 조종하는 비행기에 다 같이 올라타 날아볼까요?

참, 권기옥 지사는 자신을 '우리나라 최초의 여자 비행사'라는 관점에서만 바라보지 말고 '오로지 나라를 되찾겠다는 일편단심으로 청춘과 열정을 바쳐 독립운동을 한 비행사'로 기억해 주기를 바란답니다.

반짝이는 별을 바라보며
박세경

차례

머리말　5

1. 왜 비행사가 되었나?　✈　11

기옥, 이름을 찾다 12 · 비행사를 꿈꾸다 19 · 독립운동을 준비하다 27 · 독립운동을 시작하다 31 · 감옥에 갇히고 고문당하다 40 · 20개 도시에서 독립운동을 하다 44 · 중국으로 망명하다 49

2. 비행사가 되어 하늘을 날다　✈　53

상하이에서 새로 시작하다 54 · 안창호, 노백린과 만나다 57 · 어린 학생들과 공부하다 61 · 비행사가 되는 길을 스스로 찾다 66 · 윈난항공학교에서 비행기를 만나다 72 · 대한민국 최초의 여성 비행사가 되다! 76

3. "비행기로 조선총독부를 폭파하겠으니 비행기를 사 주십시오!" ✈ 83

비행기, 그리고 그림의 떡 84 · 서왈보의 선전 비행과 죽음 88 · 기옥과 상정 결혼하다 91 · 중국 하늘을 정복하는 조선의 용사 93 · 중국의 분열과 다물비행단 95 · 비행기 안에서 기총소사를 하다 100

4. 선전 비행을 준비하다 ✈ 107

윤봉길 의사, 일본의 간담을 서늘하게 하다 108 · 기옥, 선전 비행을 준비하다 114 · 10년간 총 1,300시간을 비행하다 121 · 지금은 남의 땅, 빼앗긴 들에도 봄은 오는가 126 · 중일전쟁과 난징 대학살 130 · 독립운동과 부인회 활동 132

5. 새로운 시대, 교육으로 준비하다 ✈ 139

드디어 해방의 날이 오다 140 · 서울로, 조국의 품으로 돌아오다 142 · 새로운 길을 날다 146

1. 왜 비행사가 되었나?

그때였다. 누군가 외쳤다. "어, 저기, 비행기다! 비행기가 떴다."

모두 하늘을 쳐다보았다. 하늘로 올라가던 비행기가 굉음을 내며 갑자기 아래로 곤두박질치는가 싶더니 다시 솟아올라 공중제비를 했다.

그날 밤, 기옥은 이불 속에 누워서도 쉽게 잠이 들지 못했다. 새처럼 하늘을 날 수 있다는 생각만으로도 가슴이 벅차올랐다. 그러다가 기옥도 날고 싶다는 마음이 간절해졌다. '여자도 비행사가 될 수 있을까?' 그날따라 여자라는 사실, 가난하다는 사실, 나라가 없다는 사실 모두가 원망스러웠다.

그러나 기옥은 절망의 깊이만큼 가슴 깊이 꿈을 새겼다. 눈을 감고 비행사가 되어 하늘을 나는 모습을 그려 보니 웃음이 절로 나왔다.

기옥, 이름을 찾다

권기옥은 1901년 음력으로 1월 11일(양력 3월 1일), 평안남도 중화군 설매리에서 태어났다. 아버지 권돈각은 만석꾼 집안의 외아들로 태어나 부유하게 살았다. 아버지는 안동 권씨 집안 사람인데, 그의 조상은 임진왜란 때 평양에서 왜놈들을 물리친 다음 평양에서 벼슬을 하고 살면서 그 뒤부터 평양성 안에서 살게 되었다.

권돈각이 어렸을 때 청일전쟁(1894)이 일어나 권돈각의 집은 평양성에서 성 밖 중화군으로 피란을 갔다. 열일곱 살의 권돈각을 본 기옥의 외할아버지는 기옥의 아버지가 첫눈에 맘에 쏙 들었다. 이에 열일곱 살 딸 장문명과 권돈각을 서둘러 혼인시켰다.

기옥의 아버지는 부유하게 태어나 돈 잘 쓰고 놀기 좋아하는 한량이었다. 게다가 노름판에까지 뛰어들어 돈을 물 쓰듯 펑펑 쓰더니, 할아버지가 돌아가신 지 얼마 안 되어서 많던 재산을 다 날려 버렸다. 결국 갈 곳이 없어진 아버지는 어머니와 함께 기옥의 외갓집으로 들어갔다.

부모님이 이렇게 중화군에 있는 기옥의 외갓집에서 지낼 때 기옥은 1남 4녀 중 둘째로 태어났다. 기옥 위로 기옥보다 네 살 많은 언니가 있었다. 이 언니 뒤로 기옥이 태어나자 아버지는 못마땅해했다. 아들을 원했는데 또 딸이 태어났기 때문이었다. 그래서 아기 이름도 '날래 가라(빨리 가라)'라는 뜻의 '갈네'라고 지었다. 그렇게 기옥은 어려서는 갈네로 불렸다. 그러나 이듬해에 남동생이 태어나자 남동생을 데리고 나왔다며 아버지는 기옥을 좋아했다. 딸을 낳고 바로 뒤 아들을 낳으면 딸이 아들을 데리고 나왔다며 아주 좋아하고, 남동생이 태어나기를 바라며 여자아이 이름을 남자 이름으로 짓기도 하던 시절이었다.

　　기옥의 아버지는 열심히 살기는커녕 가정은 돌보지 않고 투전판을 돌아다니는 등 자기 마음대로 살았다. 기옥의 외할아버지가 사위가 잘살기를 바라며 꾸중을 했더니, 기옥의 아버지는 홧김에 집을 나와 평양성 안으로 이사를 했다. 남의 집 문간방에서 살림을 하게 된 기옥의 어머니는 하루하루를 어렵사리 힘들게 꾸려 나갔다. 그런데도 기옥의 아버지가 여전히 돈을 벌어 올 생각을 안 하자 어머니는 자식들을 데리고 다시 친정집으로 들어갔다.

　　그런데 어찌 된 영문인지 모르겠지만, 그사이 아버지가 돈을 벌어서 평양성 대동문 안 장대현 교회 바로 옆의 새집(평안남도 평양부 상수구리 152번지 장대현고개)을 샀다. 그 바람에 외가에서 지내던 기옥은 1년도 채 안 되어 아버지가 새로 마련한 집으로 들어갔다.

이사 온 지 얼마 안 된 어느 날이었다. 아버지가 갑자기 열이 나고 설사를 하기 시작했다. 그렇게 시름시름 앓더니 이내 자리를 깔고 누워 꼼짝도 못 했다. 깜짝 놀라 부랴부랴 의원을 불러 환자의 병색을 보여 주었다. 환자를 진찰한 의원은 날벼락 같은 말을 했다. 아버지가 장티푸스에 걸렸다는 것이다. 당시에 장티푸스는 한번 걸리면 당사자는 물론 일가족이 한꺼번에 죽는 경우도 있을 만큼 위험한 병이었다.

어머니와 식구들은 모두 애간장이 까맣게 타들어 갔다. 그런데 엎친 데 덮친 격으로 기옥마저 장티푸스에 걸리고 말았다. 어머니는 남편과 자식을 한꺼번에 잃을까 점점 마음이 조급해지고 겁이 났다. 당시에는 적당한 치료법을 몰랐을뿐더러 설사 치료법을 알아도 대부분 치료할 만한 능력이 안 되었다. 그래서 할 수 있는 것이라고는 치성을 드리거나 형편이 조금 나으면 굿을 하는 것밖에는 달리 방도가 없었다.

다행히 어머니의 극진한 보살핌과 교회 전도부인들의 도움 덕분에 기옥과 아버지는 장티푸스를 이겨 냈다. 전도부인들에 대한 고마움으로 어머니는 교회를 나가기 시작했다. 기옥이 여섯 살 때의 일이었다.

이듬해 여름, 어머니 친정 동네에도 장티푸스가 유행했다. 그러자 어머니는 잔심부름이라도 할 겸 기옥을 외가로 보냈다. 당시 외할머니와 외숙모는 어머니의 전도로 교회를 다니고 있었다. 기옥도 외할머니와 외숙모를 따라 교회에 나갔다. 어느새 기옥이 아홉 살이 되자 외할머니는 소학교에 입학하라며 기옥을 집으로 돌려보냈다.

아버지는 기옥보다 한 살 어린 여덟 살 남동생 기복이를 숭덕소학교에 보냈다. 그러나 여자는 읽을 줄이나 알고 셈이나 할 줄 알면 된다며 기옥은 학교에 보내지 않았다. 언니는 언니라는 이유로 학교에 다니고, 남동생은 집안을 살릴 아들이라는 이유로 학교에 다니는데, 기옥은 여자라는 이유로 학교를 다니지 못했다. 기옥은 겉으로는 표현을 못 했지만 자신의 신세가 서럽고 또 서러웠다. 다행히 기옥은 이미 여섯 살 때 언니의 소학교 교과서로 글을 깨우쳤고, 셈도 할 줄 알았다. 학교에 가지 말라는 아버지 말에 기옥은 학교 가는 것을 포기할 수밖에 없었다.

　1910년 8월 29일, 기옥이 열 살 되던 해에 대한제국은 일본에 강제로 합병되었다. 1905년에 을사늑약을 체결해 이미 우리나라의 외교권을 강탈한 일제는 기어코 우리나라를 식민지로 만들었다. 나라는 없어져도 좋으나 자신들이 누리던 지위와 권세는 계속 누리고자 했던 무능한 위정자들과 악랄한 친일파들이 적극적으로 일제의 앞잡이가 되어 설치는 바람에 졸지에 나라를 빼앗기고 말았다.

　언니는 소학교를 졸업한 뒤 집안 살림을 도맡았다. 그러자 살림을 하던 열한 살 기옥은 은단공장에 들어갔다. 당시 쌀 한 말이 오십 전이었는데, 기옥이 받는 월급은 삼 원(1원은 100전)이었다. 기옥이 벌어오는 돈은 집안 살림에 큰 보탬이 되었다.

　어느 날, 우연히 기옥은 소학교에 다니는 동생 기복이 배우는 지도책을 펼쳤다. 그 책에서 처음으로 조선, 일본, 중국, 그리고 태평양과 미국을 보았다. 나고 자란 평양 근처를 단 한 번도 떠나 본 적이 없던 기옥에게 지도책에 그려진 세계는 어마어마하게 큰 세상이었다. 신기하기만 했다. 그렇게 지도책을 한참 뚫어지게 보고 있으려니 문득 지도에 있는 세계가 궁금해졌다. 세계 곳곳을 누비고 싶어졌다.

그러나 기옥은 어디서부터 무엇을 해야 할지 막막했다. 그저 이 꿈을 이루려면 먼저 공부를 해야겠다는 생각이 들었다.

소학교에 다니려면 월사금이라는 수업료를 학교에 다달이 내야 했다. 월사금은 40전이었으나, 기옥에게는 그 돈이 없었다. 학교는 생각도 할 수 없었다. 잠시나마 행복한 꿈을 꾸었던 기옥은 현실의 벽 앞에서 또다시 꿈을 접어야 한다는 생각에 가슴이 답답했다.

그때 기옥의 옆집이었던 장대현 교회는 소학교를 운영하고 있었다. 학교 이름은 숭현소학교였다. 그런데 평소 기옥의 재능을 안타까워하던 이 교회 목사님이 기옥을 월사금을 받지 않는 장학생으로 받아들여 주었다. 꿈을 포기하려던 기옥에게는 꿈만 같은 일이었다. 기옥이 열두 살 때였다.

공부를 할 수 있다는 기쁨에 들떠 있던 이때 기옥은 생각지도 못한 뜻밖의 사실을 하나 알게 된다. 그때까지도 사람들은 기옥을 갈네라고 불렀다. 아들을 바라던 아버지가 딸이 태어나자 실망해서 지은 이름, 갈네. 기옥도 자신의 이름을 갈네라고 알고 있었다. 그런데 소학교에 들어가려고 서류를 내는 과정에서 보니 기옥의 이름은 '갈네'가 아니라 '기옥'이라 되어 있었다. 자신에게도 제대로 된 이름이 있었다는 사실을 알게 되자 기쁨은 두 배가 되었다. 공부를 하고 싶다는 열망이 뜻하지 않게 기옥이라는 이름을 되찾아 준 것이었다.

비행사를 꿈꾸다

기옥은 열두 살이라는 늦은 나이에 숭현소학교에 입학했다. 처음에는 예비반에서 나이 어린 아이들과 함께 공부를 시작해야 했다. 남들보다 늦은 만큼 누구보다 열심히 공부했다. 게다가 워낙 재능이 뛰어났기에 기옥은 한 달 만에 1학년으로 월반하고, 곧이어 다시 2학년으로 월반했다. 자기보다 한참 나이 어린 아이들과 공부했지만, 학교에서 배우는 모든 것이 마냥 신기했다. 기옥은 공부에 금방 재미를 붙였다. 장학금도 물론 놓치지 않았다. 지리와 세계사, 그리고 수학과 과학이 특히 재미있었다.

집안 살림을 도맡아 하던 언니는 열여덟 살이 되자 평양 시내에 있는 양화점 아들과 혼인해 집을 떠났다. 그사이 여동생이 하나 더 태어나 식구가 늘었다. 어머니는 여동생을 낳느라 몸이 많이 쇠약해져 대부분을 누워 지냈다. 어쩔 수 없이 기옥이 집안 살림을 다시 맡아야 하는 상황이 되었다.

　　기옥은 어렵사리 다니게 된 학교를 결코 포기하고 싶지 않았다. 그래서 집안 살림과 학교 공부를 동시에 했다. 아침에는 새벽같이 일어나 아침밥을 지어 놓고 학교에 갔다. 저녁에 학교에서 돌아와 밀린 집안일을 하고, 밤에는 등잔불 밑에서 바느질을 했다. 대동강에 가서 빨래도 하고, 동생을 업고 학교에 가기도 했다. 몸은 천근만근 무거웠다. 그러나 배운다는 즐거움에 힘든 것도 애써 참고 열심히 공부하여 성적은 1등이었다.

　　4년제인 숭현소학교를 3년 만에 졸업한 기옥은 열다섯 살이 되던 1915년에 3년제 숭현소학교 고등과로 진급했다. 한 학년에 학생은 스무 명 정도였다. 여학교여서인지 여자 선생님이 많았다. 기옥은 여러 선생님 중에서 특히 김경희 선생님을 가장 좋아했다. 김유선 선생님과 김경희 선생님은 모두 숭의여학교 1회 졸업생이었다. 김유선 선생님은 1919년 3·1 운동 이후 전도대에서 함께 활동하기도 했다.

　　나라가 없어져 역사를 가르칠 수 없게 되자, 김경희 선생님은 지리 시간에 학생들에게 우리 겨레의 역사를 가르쳤다. 고조선과 고구려의 영토, 을지문덕 장군의 살수대첩, 임진왜란에서 이순신 장군이 왜적을 물리친 이야기, 안중근 의사가 일본의 이토 히로부미를 처단한 이야기 등 우리 역사 이야기를 많이 들려주었다. 기옥은 선생님의 말씀 하나하나를 빠트리지 않고 가슴 깊이 새겨들었다. 기옥이 민족 문제와 독립에 관심을 갖게 된 것은 이런 선생님들에게서 교육을 받은 덕분이었다.

김경희 선생님의 그러한 수업을 일본 순사들은 좋게 보지 않았다. 기옥이 열여섯 살, 숭현소학교 고등과 2학년이던 봄이었다. 갑자기 일본 순사들이 학교에 들이닥쳐 김경희 선생님을 다짜고짜 끌고 가려고 했다. 그러자 온 학교가 발칵 뒤집혔다. 학생들은 순사들 바짓가랑이를 붙잡고 늘어지며 소리쳤다.

"우리 선생님을 왜 데려가는 거예요!"

순사들은 이에 아랑곳없이 학생들을 뿌리쳤다. 건장한 순사들의 힘에 학생들은 운동장 흙바닥으로 힘없이 나가떨어졌다. 기옥도 학생 70여 명과 함께 선생님을 보내지 않으려고 있는 힘을 다해 순사들 앞을 막아섰다.

그때 순사 하나가 갑자기 하늘에 대고 총을 쏘았다. 여학생들은 갑작스러운 총소리에 자지러지게 놀라며 땅바닥에 주저앉았다. 김경희 선생님이 자신은 잘못한 것이 없고 떳떳하니 곧 다시 돌아오겠다며 학생들을 설득했다. 그러고는 순사들에게 당당히 끌려갔다. 선생님 뒷모습에 학생들은 너나없이 울음을 터트렸다. 그러나 돌아온다던 선생님은 끝내 학교로 돌아오지 못했다. 당당하게 끌려가 조사도 받았고 증거도 없었지만, 일본 경찰이 김경희 선생님을 내보내지 않았기 때문이었다.

시간이 지나도 기옥은 화가 풀리지 않았다. 왜 선생님이 일본 순사에게 끌려가 고문을 당해야 하는지, 왜 우리 역사와 지리를 공부하면 안 되는지, 왜 일본이 우리나라를 강제로 점령하고 우리 겨레를 못살게 구는지, 아무리 생각해도 모를 일이었다. 우리나라를 못살게 구는 일본이 망하고, 우리가 잘사는 날이 오기만을 바랐다. 또 공부를 더 열심히 하고 힘을 길러 일본이라는 불의를 물리쳐야겠다는 생각을 하고 또 했다.

기옥은 열여섯 살에 장대현 교회에서 에스더라는 세례명으로 세례를 받았다. 에스더는 유대인의 딸로 태어나 페르시아 왕비가 되어 자기 민족을 죽음의 위기에서 구한 사람이다. 에스더가 나라 잃은 식민지에서 가난하게 사는 자신과 닮았다고 기옥은 생각했다. 자신도 페르시아 왕비 에스더처럼 우리나라를 구하겠다고 결심했다.

열일곱 살이 되던 해 가을, 훗날 기옥의 삶을 바꿀 잊지 못할 풍경을 목격한다. 평양 하늘을 화려하게 수놓았던 미국인 비행사 아트 스미스(Art Smith)의 곡예비행이었다. 이때 기옥은 스미스의 비행을 보고 자신도 커서 비행사가 되겠다는 꿈을 꾸게 된다.

스미스가 탄 비행기의 이름은 '붉은 날개'였다. 붉은 날개는 평양 시내 위를 비행하다가 사람들이 몰려 있는 장대현 교회 쪽으로 곧장 날아왔다. 스미스는 사람들 머리 바로 위를 지나가며 사람들에게 손을 흔들어 보였다. 색안경을 쓰고 하얀 머플러를 목에 두른 조종사는 사람들에게 낯설고도 신비한 느낌을 주었다.

붉은 날개는 수평으로 날다가 갑자기 좌우 지그재그로 날기도 하고, 하늘 높이 치솟았다가 땅으로 곤두박질칠 듯 내려왔고 다시 아슬아슬하게 솟아오르기도 했다. 막상 비행기를 조종하는 조종사는 태연한 모습이었다. 그런 그와 달리 땅에서 지켜보는 사람들은 비행기의 기상천외하고 아찔한 모습을 보며 손에 땀을 쥐었다.

기옥도 몇 번이나 눈을 감았다가 떴다. 비행기가 떨어질까 봐 어찌나 긴장했는지 힘을 준 손이 아픈 줄도 몰랐다. 그때 갑자기 비

행기 꽁무니에서 연기가 피어올랐다. 비행기가 고장 났다며 사람들은 당황해서 어쩔 줄 몰라 했다. 사람들은 그저 안타까워하며 하늘을 쳐다볼 뿐 말이 없었다.

잠시 조용하던 교회 마당이 다시 웅성대기 시작했다. 학교에 다니면서 영어를 배웠던 학생들이 연기를 가리키며 저건 영어 글자라고 했다. 어른들은 얼른 무슨 말이냐고 학생들을 재촉했다.

"스, 미, 스, 스미스, 스미스예요!"

그제야 장대현 교회에 모였던 사람들은 조종사가 연기로 자신의 이름을 허공에 그렸다는 것을 알고는 모두 감탄하며 벌어진 입을 다물지 못했다. 스미스와 '붉은 날개'는 곡예를 마치고 굉음을 내며 다시 평양 하늘 위로 사라져 갔다.

귀를 찢던 비행기 소리가 여전히 귓전에 맴도는 듯했다. 모두 한동안 멍멍한 듯했다. 사람들은 아쉬워서 쉽사리 자리를 뜨지 못했다. 기옥도 그 자리에 서서 하늘을 한없이 바라보았다. 비행기가 사라진 하늘은 아무 일 없었다는 듯 푸르고 맑고 깨끗했다.

집으로 돌아온 기옥은 그날 밤 잠이 오지 않았다. 아니 잘 수가 없었다. 푸른 하늘을 이리저리 날아다니고, 연기로 이름까지 쓰는 비행기와 조종사를 생각하니 잠이 오지 않았다. 기옥은 자신이 비행사가 되어 하늘을 맘껏 나는 모습을 상상했다. 그러고는 생각했다.

'나도 비행사가 될 수 있을까? 여자인 내가 비행사가 될 수 있을까? 돈도 없는 내가 비행사가 될 수 있을까? 나라도 없는 식민지에서 비행사가 될 수 있을까?'

이 모든 것이 이루어질 수 없는 한낱 헛된 꿈이라는 생각이 들었다. 그러나 비행사가 되어서 하늘을 날고 있을 자신의 모습을 그려 보니 가슴이 마구마구 뛰었다.

독립운동을 준비하다

1918년, 해가 바뀌자 기옥은 열여덟 살이 되었다. 여기저기서 혼담이 들어왔다. 그러나 기옥은 공부를 더 하겠다며 들어온 혼담도 뿌리치고 5년제인 숭의여학교 3학년에 편입해 들어갔다. 숭의여학교는 1903년에 미국 선교사 모펫이 평양에 세운 기독교 학교였다. 일제시대 때 독립운동에 주도적으로 참여했던 학교들 가운데 하나이기도 했다. 이 학교 교사와 재학생 그리고 졸업생이 중심이 된 비밀결사조직인 송죽회(松竹會, 또는 송죽결사대)가 유명했다.

송죽회는 기옥이 숭현소학교 시절 특히 좋아했던 김경희 선생님이 여자 선생님들과 교회 부인들을 모아 1913년에 조직한 독립운동 비밀결사였다. 김경희 선생님이 초대 회장을 맡았다. 송죽회에는 행동지침도 있었다. 기독교 조직이었기에 하느님에 대한 믿음이 있어야 하며, 나라와 겨레를 위해 목숨을 바치고, 비밀을 지키며, 독립운동 자금을 마련하며, 우정과 선후배 간에 신의를 지키고, 명령에 복종하고 의무를 수행한다는 것이었다.

송죽회 회원들은 머리카락을 잘라 자금을 마련하거나, 행상 활동을 하거나, 희사금을 내거나 수를 놓은 제품을 팔아 기금을 마련하고, 용돈을 절약하거나 패물을 팔아서 독립자금을 모았다. 모은 기금은 상하이 임시정부에 전달했는데, 이러한 사실이 《독립신문》에 실리기도 했다.

송죽회는 회원이 추천하고 회원 모두가 찬성해야 가입할 수 있었다. 달마다 30전의 회비를 내고, 매달 15일에 열리는 회의에 참석해야 했다. 송죽회 중에서 나이가 좀 많은 사람은 송형제에 들어갔고, 나이가 어린 사람은 죽형제에 들어갔다. 기옥은 박현숙 수학 선생님의 권유로 송죽회 중 죽형제에 가입했다.

이듬해인 1919년 1월 21일, 고종 황제가 승하했다. 이때 기옥은 숭의여학교 4학년이었다. 그런데 고종 황제가 일본인에게 독살당했다는 소문이 퍼졌다. 나라를 잃은 처지에서 한때 하늘처럼 떠받들던 임금이 승하했기에 사람들은 비통해하는 한편, 일본인이라면 치를 떨었다. 3·1 운동이 시작되고 있었다.

숭의여학교의 3·1 운동은 박현숙 선생님을 비롯해 정익성 선생님, 설명화 선생님, 그리고 송죽회 회원들을 중심으로 준비했다. 고종 황제의 인산(장례) 날(3월 3일)을 앞두고 송죽회 3대 회장인 박현숙 선생님은 죽형제 회원들을 불렀다. 선생님은 3월 1일 고종 황제의 봉도식(큰 인물이 죽었을 때, 그 업적을 기리고 죽음을 추모하고 슬퍼하며, 그 유업을 계승 발전시킬 것을 다짐하며 거행하는 의식)이 있는 날, 독립 선언을 하기로 했다는 말을 전했다.

조선이 자주민이고 조선이 독립국이라는 사실을 세계만방에 선언한다는 뜻이었다. 그러고는 박현숙 선생님은 죽형제들에게 태극기를 그려 보였다. 기옥은 물론이고 죽형제 중 누구도 본 적이 없는 태극기였다. 일본이 일찍이 태극기를 모두 빼앗아서 불살랐기 때문이었다. 태극기를 그리고 난 뒤 박현숙 선생님은 독립운동에 쓸 태극기를 함께 만들자고 했다. 태극기를 본 적도 없고, 그려 본 적은 더더욱 없었지만 죽형제들은 태극기라는 말에 가슴속에서 무언가가 끓어오르는 걸 느꼈다. 제안을 거절한 사람은 한 명도 없었다.

처음 그리는 태극문양과 팔괘는 삐뚤빼뚤 제각각이었다. 그러나 모두 정성껏 종이에 물감으로 태극문양을 그리고, 깃대에 달았다. 차츰 손에 익어 갔지만 일일이 태극기를 그리자니 시간도 많이 걸리고 힘도 들었다. 누군가의 제안에 따라 태극기를 나무에 새기고 판을 떠서 인쇄하듯이 종이에 찍었다. 그러자 손으로 그리는 것과 비교할 수 없을 만큼 빨리 그리고 많이 만들 수 있었다.

2월 27일에는 음악 선생님이 〈애국가〉 악보를 나눠 주었다. 처음 듣고 처음 불러 보는 노래였다. 성경 공부를 하는 채플 시간에 몰래 애국가를 배웠다. 기옥은 물론 학생들은 태극기를 그릴 때와 마찬가지로 〈애국가〉를 부르면서 가슴속이 뭉클해졌다. 노랫말 하나하나가 가슴속에 새겨졌다.

동해물과 백두산이 마르고 닳도록

하나님이 보호하사 우리 대한 만세

무궁화 삼천리 화려강산

대한사람 대한으로 길이 보전하세.

독립운동을 시작하다

3월 1일 정오가 되자 평양에 있는 각 교회에서 울리는 종소리를 신호로 장대현 교회 앞마당인 숭덕학교 운동장에 1천 명이 넘는 사람이 모여들었다. 남산현 교회에는 약 800명이 모였고, 설암리 천도교 구당에는 천도교 신자들이 모였다. 남산현 교회에서는 박석훈 목사의 개회선언으로 독립선언식이 거행되었고, 숭덕학교에서는 강규찬 목사가 단상에 올라가 고종 황제의 승하를 슬퍼하는 말로 개회식을 했다. 이어 김선두 목사가 독립선언서를 낭독하고, 곽권응 목사가 "대한독립 만세"를 선창했다.

기옥과 숭의여학교 학생들은 직접 만든 태극기를 사람들에게 나누어 주었다. 사람들은 태극기를 들고 "대한독립 만세"를 외치며

평양 시가지 쪽으로 나아갔다.

　브라스밴드를 앞세우고 〈학도가〉를 부르는 숭실학교 남학생들, 〈애국가〉를 부르는 숭의여학교 학생들, 그리고 평양 시민들까지, 그날 모인 사람은 3천여 명이나 되었다. 모두 목이 터져라 "대한독립 만세"를 외쳤고, 〈애국가〉를 불렀다. 일본 사람들한테 억눌려 살며 말 한마디 제대로 못 하다가 함께 모여 목이 터질 듯 외치니 모두가 형제 같고 가족 같은 생각이 들었다. 기옥도 마음이 울컥했다.

3월 2일에는 일본 경찰들이 총으로 무장한 채 거리 곳곳에서 삼엄한 경비를 섰다. 그들은 조금이라도 수상해 보이는 사람들을 닥치는 대로 잡아갔다. 3일에는 숭실대학, 숭실학교, 숭의여학교, 평양 고등보통학교 학생들이 숭현소학교 교정에 모여 만세 시위를 했다. 이튿날에는 기독교 교회의 부인들과 평양 권번(일제 강점기 때 기생들의 조합)의 기생들이 독립 만세를 외쳤다.

3월 1일에 전국적으로 일제히 시작한 만세 시위 운동은 시간이 갈수록 사그라들기는커녕 들판의 불길처럼 점점 더 번져 갔다. 만세 시위가 계속되던 와중에 박현숙 선생님이 일본 순사들에게 끌려갔다는 소문이 돌았다. 5일에는 송죽회가 주도하여 숭의여학교 기숙사 학생들이 학교를 몰래 빠져나와 거리에서 만세를 부르자 일본 경찰이 이들을 모두 잡아갔다. 이들은 미국인 교장이 학생들을 선도하겠다는 각서를 써 주고 나서야 풀려났다. 6일이 지나면서 평양에서는 만세 시위에 참여하는 사람 수가 하루에 천 명을 넘었다.

기옥은 누구보다 열심히 시위에 참여했다. 그러던 어느 날 행상으로 변장하고 시위에 참석했다가 사복형사에게 붙잡혀 평양경찰서

유치장에서 3주일 구류를 살았다. 그때 일본 경찰에게서 차마 입에 담지 못할 욕설을 듣고 따귀를 맞으며 갇혀 있었다.

　　기옥은 우리나라가 일제에 강점되고 나서 가장 뜨거웠던 3월이 다 지나간 4월 초에 유치장에서 풀려났다. 우리나라를 되찾으려고 거리에서 만세를 외친 것뿐인데, 왜 일본 경찰에 붙잡혀 치욕스러운 일을 당해야 하는지 억울했다. 이게 다 나라가 없어서 받는 설움이라는 생각에 기옥은 나라를 되찾기 위해 모든 것을 바치리라 다시 한번 굳게 마음먹었다.

　　평양에서 기독교회 여성들을 이끌고 3·1 만세 운동을 벌이다가 일본 경찰에 발각되어 쫓기다가 상하이로 건너갔던 김경희 선생님이 다시 모습을 나타냈다. 1919년 7월이었다. 김경희 선생님은 기옥에게 역사를 가르쳐 주고, 기옥이 가입했던 송죽회를 주도적으로 만든 초대 회장이었다. 그런 선생님을 다시 만나게 되어 기옥은 좋았다.

　　김경희 선생님은 상하이에서 대한민국 임시정부에 몸담고 있다가 대한민국 임시정부의 군자금을 모금하려고 비밀리에 들어와 평양에서 부인회(婦人會)를 조직했다. 이 부인회는 회원이 한때 8백 명에 이를 만큼 규모가 커졌다.

그러나 반가움도 잠시뿐이었다. 김경희 선생님은 감옥 생활에서 얻은 병으로 그해 9월에 사망하고 말았다(이 사실을 기옥은 나중에 알게 된다). 기옥도 부인회의 모금 운동에 적극 참여했다. 여학생들은 머리카락을 잘라서 팔기도 하고, 어머니 패물을 들고 오기도 했다. 부인들은 금가락지를 빼서 독립운동 자금에 보탰다. 그렇게 해서 모은 군자금은 기옥이 숭실학교 출신 청년운동가인 김재덕에게 전달했다. 김재덕은 평양에서 청년회를 조직하여 활동하는가 하면, 3·1 운동 때에는 독립선언서와 국기 분배 책임을 맡기도 했으며, 당시에는 독립운동 자금을 모금했다.

어느 날, 김재덕은 기옥에게 평양에서 20리 떨어진 과수원에서 권총을 찾아와 달라고 부탁했다. 눈을 부릅뜨고 감시하는 일본 경찰들을 피하기가 쉽지 않았다. 특히 일본 경찰이 기옥을 항상 감시하고 있었다. 그래서 기옥은 고민 끝에 작은 꾀를 냈다. 과수원에서 총을 가져오는 일을, 체구가 작아 눈에 잘 띄지 않는 동생 기복에게 맡겼다. 기옥은 동생에게 자전거를 타고 과수원으로 가라고 했다. 그리고 그곳에서 권총을 찾은 뒤 발목에 노끈으로 잘 묶고, 그 위에 바지 대님을 단단히 매서 갖고 오라고 일렀다.

자전거를 타고 가는 기복의 뒷모습을 보자, 나이보다 체구가 작은 기복이 더 작아 보였다. 제대로 잘 해낼 수 있을까 걱정이 앞섰다. 그래도 자전거 페달을 꾹꾹 밟으며 앞으로 나아가는 기복을 보자 동생이 듬직해 보였다.

기옥의 우려와 달리 기복은 누나가 시킨 대로 권총을 발목에 노끈으로 잘 묶어 무사히 갖고 왔다. 누구보다 긴장했을 기복도 비밀 임무를 완수했다는 생각에 가슴 뿌듯해했다. 이제 권총을 김재덕에게 전달해야 할 차례였다. 이번에는 어머니가 나서기로 했다. 어머니는 기옥의 친구 최순덕의 집 사랑채에서 기다리던 김재덕에게 권총을 전달했다. 일이 모두 잘 끝났다고 안도의 숨을 내쉬었다.

그때였다. 갑자기 귀청을 찢을 듯 커다란 총소리가 울렸다. 화들짝 놀란 이들은 움츠렸던 몸을 일으키며 놀란 가슴을 쓸어내렸다. 총알이 들어 있다는 사실을 몰랐던 김재덕이 권총의 방아쇠를 당기는 바람에 총알이 발사되었던 것이다. 다행히 다친 사람은 없었다.

등골이 오싹해지고 식은땀이 흘렀던 김재덕은 정신을 차리고 주위를 살피다가 얼른 권총을 가슴에 품었다. 권총은 따뜻했다. 매캐한 화약 냄새만 남긴 채 김재덕은 바람처럼 사라졌다. 기옥의 어머니도 태연하게 그 집에서 나와 집으로 돌아왔다. 경찰은 이 사실을 전혀 눈치채지 못했다.

임시정부가 창간한 《독립신문》이 평양에도 도착했다. 《독립신문》은 대한민국 임시정부가 발행했던 신문으로, 1919년 8월 21일에 박은식, 안창호, 옥관빈 등이 창간했다. 《獨立(독립)》이라는 이름으로 창간했다가 1924년 1월 1일 자 신문부터 한글로 《독립신문》이라 바꿨다. 《독립신문》은 독립운동 상황을 보도함으로써 민족의식을 드높였으며, 독립운동의 방향과 방법 등을 논의했다. 또한 임시정부의 활동과 독립군의 항일 무장투쟁, 독립운동가들의 활동, 국내외 동포들의 소식과 함께 국제 정세를 보도했다.

독립협회의 서재필, 윤치호가 창간한 우리나라 최초의 순한글 신문이자 민간이 만든 최초의 신문인 《독립신문》은 1896년 4월 7일 창간되었다가 1899년에 폐간되었다. 대한민국 임시정부가 발행한 《독립신문》과는 다르다.

사람들은 눈으로 직접 《독립신문》을 보자 소문으로만 듣던 임시정부가 피부로 느껴지는 듯했다. 기옥도 김재덕에게서 신문을 받은 뒤 읽고, 읽고, 또 읽었다. 송죽회의 죽형제들과 돌려 읽기도 하고, 군자금을 모아 준 부인들에게 나누어 주기도 했다.

10월 1일, 기옥은 일제가 대한제국을 강제 병합하고 우리나라를 통치하기 시작한 날(1910년 8월 29일)을 기념하는 시정기념일 행사에 맞춰 시위를 계획했다. 이날은 공휴일로, 관공서가 문을 닫고 기념행사를 했다. 송죽결사대는 이 기념회에서 독립 만세 시위를 벌였다. 기숙사생들이 앞장을 서고 전교생이 대한독립 만세를 외치며 교문을 나섰다. 그러자 바로 옆에 있는 정의학교 학생들도 이에 호응해 달려 나왔다. 평소에 친일 집안의 딸들이 많이 다녀 일본 앞잡이 학교라 비난받았던 서문여고보 학생들도 처음엔 당황해하더니 역시 교문을 뛰쳐나와 대한독립 만세를 불렀다. 지나가던 사람들까지 합세해 만세를 불러, 골목과 거리에는 만세 소리가 진동했다.

일본 경찰이 출동하여 학생들을 잡아갔으나 대부분은 바로 풀려났다. 기옥을 포함한 30여 명은 3주일 구류를 살았다. 일제는 이러한 조치가 모두 문화통치 덕분이라며 생색을 냈다. 그야말로 생색뿐인 문화통치였다.

3·1 운동은 도시는 물론 농촌까지 퍼져 3개월 동안 약 200만 명

이 참가할 정도로 온 국민이 참여했다. 걷잡을 수 없이 커진 3·1 운동으로 궁지에 몰린 일제는 우리 겨레의 마음을 돌리고자 통치방식을 무단통치에서 문화통치로 바꿨다. 헌병경찰제도를 보통경찰제도로 바꾸는 등 관대한 통치를 하겠다고 했으나 겉으로만 관대할 뿐, 실제로는 감시와 탄압으로 더욱 옥죄었다. 경찰서와 경찰의 수를 몇 배 더 늘려 악랄하고 교묘하게 사람들을 통치했다.

감옥에 갇히고 고문당하다

1919년 10월 30일, 숭의여학교 운동장에서 평양 일대의 학생들 2천여 명이 모여 항일애국대회를 열었다. 장대현 교회에서도 학생과 시민 1천여 명이 항일애국대회를 열었다. 사람들은 일제의 민족차별 교육을 성토하고, 찬송가와 교가를 부르면서, 일제의 온갖 나쁜 행동을 낱낱이 고발하여 문화통치가 말뿐이라는 것을 밝혔다. 동시에 상하이 임시정부의 포고문 1·2호를 사람들에게 나누어 주었다. 이 포고문에는 '내외 동포에게 납세를 전면 거부할 것'(1호)과 '적(일본)의 재판과 행정상의 모든 명령을 거부하라'(2호)라는 내용이 담겼다.

항일애국대회는 계속 열렸다. 10월 31일에는 숭의여학교, 정의여학교, 숭실학교, 숭현소학교, 숭덕소학교, 광성학교 등 기독교계 학교에서, 11월 1일에는 이들 학교는 물론이고 다른 10개 학교에서도 열렸다. 11월 2일에는 남녀 학생 3천여 명이 공립학교인 평양고등보통학교 운동장에 모여 대회를 열었다. 이에 화가 난 일본 순사대와 헌병이 학교로 쳐들어와 5백여 명을 평양경찰서로 잡아갔다.

이미 두 번이나 유치장에 잡혀 온 적이 있는 기옥이 또다시 유치장에 갇혔다. 악질 형사인 다나카는 기옥을 3주일이나 고문했다. 임시정부의 공채 판매에 대한 정보를 캐기 위해서였다. 기둥에 매달고는 각목으로 때리고, 까무러치면 찬물을 끼얹고, 정신 차리면 다시 신문하기를 반복했다. 기옥은 수십 번을 까무러치면서도 이를 악물고 모든 고문을 참아 냈다.

악랄한 형사 다나카는 기옥을 검찰로 넘기면서 심문조서에, "이 계집은 지독하다. 죽어도 말을 하지 않는다. 검찰에서 단단히 다루기를 바란다"라는 쪽지를 함께 넣어 보냈다. 검찰도 혐의사실을 입증할 만한 증거가 없었으나 이 쪽지 때문에 기옥에게 징역 6개월의 실형을 선고했다. 기옥은 여자 죄수들만 있는 영문감옥으로 보내졌다.

이때 기옥은 가혹한 고문으로 인한 후유증 때문에 학질에 걸린다. 학질은 학질모기에 물려 걸리는 전염병으로, 고열이 나고 설사나 구토에 시달리기도 하고 발작이 일어나기도 하는 병이다. 몸이 갑자기 추워졌다가 갑자기 더워지는 증상이 나타나기도 한다. 기옥이 혼수상태에 빠지는 등 상태가 악화하자 일본 경찰은 이러다 죽을지도 모른다고 판단해 1920년 4월에 부랴부랴 석방했다. 수감되어 있던 1920년 3월에 기옥을 비롯한 학생 17명은 숭의여학교를 졸업하게 된다.

그 무렵 기옥은 자신이 좋아하던 김경희 선생님이 감옥 생활의 후유증으로 이미 돌아가셨다는 이야기를 전해 들었다. 존경했던 김경희 선생님의 죽음에 하늘이 무너지는 것 같았다.

감옥에서 나온 기옥은 숭의여학교를 졸업한 상태였기 때문에 학교를 중심으로 하는 독립운동을 할 수 없었다. 그리하여 새로운 독립운동의 방법을 찾기로 했다. 일제의 눈을 속이면서도 우리 국민의 문명을 개화하는 방법으로 차순석, 차묘석, 한선부 등과 함께 '평양 청년회 여자 전도대'를 조직했다. 기옥이 전도대장이 되었다.

5월 1일, 장대현 교회에서 열린 '평양 청년회 여자 전도대' 발대식에는 3천 명이나 되는 사람들이 모여들었다. 특히 발대식에는 여자 전도대원들의 노래와 악기 연주가 있었다. 당시에는 여자들이 노래하고 악기를 연주하는 게 낯설고 보기 드물던 시절이라 이를 보기 위해 온 사람들도 많았다. 사람들의 반응은 뜨거웠다. 발대식을 보고 감동한 사람들은 그 자리에서 한 푼 두 푼 돈을 냈다. 모인 돈이 3백 원이나 되었고, 금가락지와 팔찌도 걷혔다. 사람들의 호응이 좋아서 여자 전도회는 평북 안주의 교회에도 초청되었다. 5월 22일, 진남포 예배당에서는 1,300여 명이 모여 그야말로 대성황을 이루었다.

20개 도시에서 독립운동을 하다

기옥은 경상도 지방으로 순회 전도를 가자고 제안했다. 각지에 있는 독립운동 연락원과 접촉하거나 비밀 활동을 하는 데 순회 전도는 아주 좋은 수단이었기 때문이다. 6월 11일에 기옥을 포함해 전도대원 9명이 평양역을 출발해 대구, 밀양, 경주 등 20개 도시를 돌며 전도를 하면서 의식개혁 운동, 청년의 역할에 대한 강연도 했다. 전도대의 활동으로 기옥은 일본 경찰의 관심 대상자인 요시찰 대상자 '용의 조선인 133인'이 되었다. 그런 까닭에 임무가 끝난 뒤 기옥은 전도대장 자리를 숭의여학교 김유순 선생님에게 넘겼다.

신문화가 일찌감치 들어온 평안도 지방은 여자 전도대의 활동에 사람들의 반응이 그리 나쁘지 않았다. 그러나 경상도 지방은 보수적이어서인지 여자 전도대를 그다지 좋아하지 않았다. 여자들이 목소리를 높이고 자기주장을 한다는 것 자체를 싫어했다. 게다가 민족주의적인 내용이 많다고 일본 경찰들이 경고도 했다. 급기야 전도대원들이 일본 경찰에 연행되고 감옥에 갇히기도 했다. 이렇게 어려운 상황에서도 대구와 밀양에서 비밀 연락 임무를 잘 수행하고, 독립운동 자금도 마련하고 평양으로 돌아왔다.

기옥의 동생 기복에게서 권총을 전달받고 상하이로 탈출했던 김재덕이 1920년 5월 하순에 평양으로 돌아왔다. 김재덕이 7월에 다시 기옥을 찾아와, 상하이 대한민국 임시정부에서 파견한 사람들을 숨겨 달라고 했다. 문일민과 장덕진, 안경신 등이었다.

일제가 대륙 침략을 추진하던 당시에 미국은 만주를 포함한 극동아시아를 두고 소련, 일본과 대립하고 있었다. 그리하여 관광한다는 명분을 내세워 미국 국회의원 동양시찰단이 아시아 방문 계획을 세웠다. 이들의 한국 방문(1920년 8월)을 앞두고 임시정부는 대대적으로 시위를 벌여 한국 독립의 당위성을 알리고 국제 여론에 호소할 절호의 기회라 판단했다. 그래서 대한광복군 총영 소속 청년 10여 명으로 결사대를 꾸려 서울, 평양, 신의주의 경찰서를 폭파하겠다는 계획을 세웠다.

평안남도 도청은 독립운동가들을 핍박하고 국내 동포들을 감시하고 고문하는 일제의 탄압수탈기관이었다. 기옥은 숭현소학교 수위의 도움을 받아 사람들을 숭현소학교 지하실 석탄창고에 숨겨 주었고, 그 사람들은 그곳에 숨어 폭탄을 만들었다.

8월 3일 밤 9시 50분경, 조용하던 평안남도 도청이 갑작스러운 폭발과 함께 아수라장으로 돌변했다. 문일민이 던진 폭탄은 성공적으로 터졌다. 이어서 장덕진과 안경신이 평양경찰서와 평양부청에 폭탄을 던졌지만 폭탄이 빗물에 젖어서 불발에 그쳤다. 평안남도 도청이 폭탄 세례를 받으면서 벽이 허물어지고, 일본 경찰 두 명이 죽었다. 이 폭발 때문에 평양은 발칵 뒤집혔다. 며칠 뒤에는 독립단원이 평양 시내에서 검문하는 일본 경찰을 죽이고 도망가는 사건까지 발생했다.

화가 난 일본 경찰이 한 달 가까이 평양을 뒤졌으나 폭파한 사람은 한 명도 잡히지 않았다. 그들은 도청을 폭파한 뒤에 야시장이 열려 붐비는 사람들 틈으로 이미 사라졌고, 혼란 속에 압록강을 건너 중국으로 넘어갔다. 안경신은 임신한 몸이었기에 중국으로 가지 못하고, 다시 폭탄 투척 거사를 도모하다가 1921년 3월 20일에 일제 경찰에 체포되었다. 또한 신의주에서는 8월 15일 밤 9시 20분에 신의주 정거장의 출찰구(차나 배에서 내린 손님이 표를 내고 나가거나 나오는 곳) 앞 신의주 철도 호텔 입구에 폭탄을 던지는 등의 독립운동이 있었다.

평안남도 도청 폭파 사건을 보고 기옥은 희망과 용기를 얻었다. 이렇게 싸우면 일본도 이길 수 있겠다는 생각이 들었다.

8월 말이 되자 미국 국회의원단은 미국으로 가 버렸다. 그즈음 임시정부 군자금을 모금하던 김순일이 임시정부 공채를 갖고 기옥을 찾아왔다. 공채란 국가나 공공단체가 일정한 목적을 달성하는 데 필요한 재원을 마련하기 위해 지는 빚이다. 대한민국 임시정부에서 발행한 공채는 대한민국원년독립공채(독립공채)라 부른다. 독립공채는 사람들이 구입해서 갖고 있다가 나중에 정부가 수립되면 공채만큼의 돈을 정부로부터 돌려받는 것이었다.

사람들에게 공채를 팔기 위해서는 먼저 공채를 옮겨야 했다. 기옥은 공채가 있는 농가로 간 뒤 신혼부부로 변장을 해서 옮기기로 했다. 신랑 역할은 임득산이 맡았다. 새색시처럼 초록 저고리에 다홍치마를 입고 쓰개치마를 머리에 쓴 기옥은 임득산과 함께 다정한 신혼부부처럼 행세하고 농가로 갔다. 다행히 두 사람을 의심하는 이들은 없었다. 기옥은 공채를 가지고 평양으로 무사히 들어왔다.

공채는 정주 오산학교 교장을 하다가 3·1 운동으로 옥고를 치르고 나온 뒤 물산장려회를 만들어 활동하는 조만식 선생과, 손정도 목사의 어머니 오신도 여사에게 전달해야 했다. 조만식 선생에게 전달하는 것은 기옥의 아버지가, 오신도 여사에게 전달하는 것은 기옥의 어머니가 맡아서 해냈다.

나라 잃은 설움을 잘 알고 있는지라 사람들은 너도나도 앞다퉈 공채를 사들였다. 조만식 선생과 오신도 여사가 공채를 판 돈은 모두 합쳐 2만 원이었다. 당시로는 꽤 큰 금액이었다. 이 돈을 기옥은 임득산에게 전달했다.

중국으로 망명하다

독립운동 자금을 모금하고, 대한민국 임시정부 독립공채를 판매하고, 여자 전도대를 만들어 각지의 독립운동가들과 연락하고, 평안남도 도청 폭발 사건에 관여한 기옥은 점차 일본 경찰의 의심을 받았다. 그런데 평양의 대한애국부인회가 장로교와 감리교의 애국부인회를 통합하며, 독립군의 군자금 모금 활동을 하다가 발각되는 일이 벌어졌다. 일제의 감시를 받던 기옥도 이 일로 이제는 일제의 검거 대상이 되었다.

일제의 포위망은 점점 좁혀져 왔다. 돌아가는 분위기가 심상치 않았다. 기옥은 이번에 일제에 잡히면 살아남을 수 없다는 판단이 섰다. 일단 몸을 숨기기로 했다. 그러나 일제의 감시를 피해 숨을 수 있는 곳을 얼른 찾을 수가 없었다. 기옥은 고민 끝에 숭실대학 남자 기숙사로 숨었다. 일제 경찰은 기옥이 남자 기숙사에 숨을 것이라고 미처 생각지 못할 것 같았다. 다행히 그 예측은 빗나가지 않았다.

이튿날, 미처 숨지 못한 20여 명이 잡혀갔다. 결국 이들을 통해 대한애국부인회 조직이 드러나고, 5일 동안 100명 넘게 체포되었다.

그래도 기옥은 여전히 일본 경찰에 잡히지 않았다. 일본 경찰은 기옥을 잡으려고 혈안이 되었다. 기옥이 잡히는 것은 시간 문제였다. 하루가 다르게 좁혀 오는 포위망에 더 이상 도망갈 곳도 없었다. 그렇다고 기옥은 이대로 앉아서 잡히고 싶지는 않았다. 국내에서 더 이상 활동할 수 없다면 당시 기옥이 갈 수 있는 곳은 하나뿐이었다. 중국이었다. 기옥은 망설임 없이 상하이로 건너가 중국으로 망명하기로 결심했다. 중국에서 독립운동을 하기로 마음먹었다.

　　기옥은 옷도 갈아입을 겸 부모님께 마지막 인사를 하려고 집으로 갔다. 그러나 옷을 갈아입는 도중에 경찰이 들이닥쳐 기옥은 옷도

제대로 입지 못한 채 집 뒷담을 넘었다. 그러고는 냅다 대동강가 절벽 쪽으로 달렸다. 턱밑까지 차오르는 숨을 참고 숭실대학 기숙사로 간신히 들어갔다.

다음 날, 기옥은 무사히 일제 경찰의 손아귀에서 벗어났지만, 아버지와 어머니는 일제 경찰에 잡혀갔다. 뒤늦게 이 소식을 듣고는 눈물이 멈추지 않았다. 다행히 어머니는 그날 오후에 풀려났으나 아버지는 여전히 갇힌 채 곤욕을 치러야 했다. 그렇다고 기옥은 상하이로 탈출하려는 계획을 멈출 수는 없었다.

기옥은 진남포에서 송화로 가고, 다시 밀선을 타고 산둥반도로

건너갈 계획을 세웠다. 얼굴에 검댕을 묻히고 수건을 쓰고 시골 여자로 변장했다. 그런 뒤 대동강으로 가서 2인승 쪽배인 '매생이'라는 작은 배에 몸을 실었다. 서서히 물을 따라 배가 움직이자 저 멀리 평양 시가지가 보였다. 조선을 떠나는 것이 몸으로 느껴졌다. 나고 자란 곳을 떠나는데 누구 한 사람 배웅해 주는 이가 없다고 생각하니 서글픔이 한없이 밀려왔다.

다음 날 오후에 기옥은 진남포에 도착했다. 함께 가기로 한 윤응념, 최순덕 일행들은 이틀 뒤에 도착했다. 기옥 일행은 다시 사흘 밤낮을 걸어 송화에 도착했다. 산둥으로 가기로 한 배는 오기로 한 날짜가 지나도록 나타나지 않았다. 게다가 배를 탈 포구에는 왜놈 정보원들이 이미 쫙 깔려 있었다. 그러자 사람들은 배를 타고 가자는 의견과 각자 흩어져 제 갈 길을 찾자는 의견으로 나뉘어 서로 팽팽히 맞섰다.

이때 기옥이 배를 기다리자고 강력히 주장해 모두 산둥행 배를 기다리기로 했다. 배는 그 뒤로도 2주일이나 지난 11월 초순에야 들어왔다. 멸치를 운반하는 중국인 나무배였다. 기옥은 가슴까지 차오르는 바닷물을 헤치며 걸어가 겨우 배에 올라탔다.

2. 비행사가 되어 하늘을 날다

기옥은 심호흡을 하고는 비행기 가속페달을 밟았다. 비행기는 쏜살같이 달려 나갔다.

이때 기옥은 조종간을 잡아당겼고, 비행기는 기다렸다는 듯이 공중으로 떠올랐다. 기옥이 조종간을 손에 꼭 잡고 아래를 내려다보았다. 넓은 들판에 활짝 핀 들꽃들이 보였다. 비행장 주변에 있는 모든 것들이 소꿉 장난감처럼 보였다. 건물은 성냥갑처럼 작아 보였고, 사람들은 개미만 하게 보였다. 다시 고개를 들어 하늘을 보았다. 푸른 하늘이 기옥의 가슴으로 들어왔고, 기옥은 푸른 하늘 속으로 들어갔다. 기옥은 생각했다.

'아, 이대로 비행기를 몰고 조선으로 가서 조선총독부를 폭파하고 싶다. 일본으로 날아가 일본 왕궁을 폭파하고 싶다. 비행기를 몰고 적진으로 들어가고 싶다.'

상하이에서 새로 시작하다

1920년 11월 말경, 기옥은 상하이에 도착했다. 상하이 대한민국 임시정부 의정원 의장을 맡은 손정도 목사를 먼저 찾아갔다.

손정도 목사는 평양 숭실학교를 마치고, 1910년에 선교사 활동을 하다가 독립운동에 뛰어들었다. 1912년 하얼빈에서 일본 수상 가쓰라 타로 암살모의 가담 혐의로 일본 경찰에 붙잡혀 전라남도 진도로 유배되었다가 1914년에 석방되었다. 1919년에 3·1 운동을 계획하던 중에 상하이로 망명했다. 1919년 4월 10일과 11일 제1회 대한민국 임시의정원의 부의장에 선출되었고, 이동녕의 뒤를 이어 임시의정원의 의장이 되었다. 1920년 1월에는 김구·김철 등 10여 명과 같이 의용단을 조직하여 임시정부를 지원해 오고 있었다.

기옥은 손정도 목사의 집에서 평안남도 도청 경찰부를 폭파하고 상하이로 와 있던 김재덕을 만났다. 김재덕은 손정도 의장의 비서 일을 하고 있었다. 김재덕에게서 기옥의 용감무쌍한 이야기를 미리 전해 들은 손정도는 기옥을 반갑게 맞이했다.

상하이는 국제적이고 자유로운 도시였다. 평양과는 사뭇 달랐다. 높고 큰 건물들이 많고 외국인들도 많았다. 기옥이 상하이에 온 지 얼마 안 되었을 때였다. 손정도 목사가 이승만 박사를 만나고 임시정부를 방문하려고 기옥을 포함하여 몇몇 여학생들과 길을 나섰다. 이승만은 대한민국 임시정부의 초대 대통령이 되었는데도, 계속 미국에 머무르고 있었다. 대통령이라면 상하이에 와야 한다는 여론에 밀려 이승만은 1920년 12월 5일에서야 상하이로 왔다. 기옥이 상하이에 온 지 얼마 되지 않은 때였다.

기옥은 차창 밖으로 보이는 상하이의 '영안공사' 등 큰 건물들을 보면서 하나하나 이름들을 외웠다. 계속 입으로 중얼거리며 외우다가 차 안을 둘러보니 같이 온 사람들이 안 보였다. 기옥은 내려야 할 전차 정거장에서 내리지 못했던 것이다. 당황한 기옥은 말도 안 통하는 곳에서 손짓 발짓을 해 가며 사람들의 도움으로 겨우겨우 집으로 돌아왔다. 그만큼 상하이는 컸고, 기옥은 적응하기 힘들었다. 그날 기옥은 임시정부 요인들을 만나지 못했다.

그러나 다시 기회가 왔다. 이때 만나지 못했던 임시정부 요인들을 12월 28일 상하이 교민단 사무실에서 열린 이승만 환영식에서 만났다. 대통령 이승만, 국무총리 이동휘, 법무총장 신규식, 재무총장

이시영, 학무총장 김규식, 노동총관 안창호 등이 환영식에 참석했다.

그곳에는 기옥을 비롯해 여학생들도 많이 참석했다. 김규식 선생이 대한애국부인회 초대회장이었는데, 그의 부인 김순애 여사가 따로 여학생들을 모아 연설했다. 여성들이 생각해 보아야 할 문제에 대한 내용이었다. 상하이에는 1천여 명의 독립지사들이 있는데, 그 가운데 여자가 100명이 넘는다고 했다. 여자들도 우리나라의 해방과 여성 해방을 위해 힘을 합쳐 싸우자고 목놓아 연설했다. 기옥은 김순애 여사의 연설에 깊은 감명을 받았고, 이를 마음에 깊이 새겼다.

안창호, 노백린과 만나다

기옥은 안창호 선생을 따르는 서북지방 사람들 모임이라든지, 기독교 계열 청년들을 중심으로 모이는 흥사단 모임, 임시정부 국무총리 이동휘 선생을 따르는 모임 등 여러 모임에 관심을 가졌다. 독립을 위해 무엇을 할 수 있으며, 어떻게 해야 할지를 알아보기 위해서였다. 일본에 대항하여 무장투쟁을 하려는 청년들은 만주로 달려갔고, 군관학교에 지원했다. 각자 자기가 할 수 있는 일을 하는 청년들을 보고 기옥은 자신 있게 할 수 있는 일이 무엇일까 생각해 보았다. 오래전부터 해 오던 고민이었다. 청년들처럼 총을 들고 직접 싸우고 싶었다. 그러나 여자인 내가 남자들처럼 무장투쟁을 할 수 있을까? 무기를 들고 싸울 수 있을까? 생각이 많았다.

그때 기옥은 조국 평양 하늘에서 보았던 비행기가 생각났다. 멋지게 곡예비행을 선보였던 비행사도!

'그래, 이곳 상하이는 뭔가 다르잖아. 상하이에서라면 여자인 나도 비행사가 될 수 있을 거야. 비행사가 내 꿈이었잖아. 비행사가 되어 조선총독부에 폭탄을 터뜨리는 거야. 여기서 비행사가 되겠어.'

기옥은 비행사가 되고 싶은 마음을 손정도 목사에게 말했다. 아울러 비행사가 되어 조선총독부를 폭파하고 싶다는 자신의 꿈도 밝혔다. 손정도 목사는 비행사가 되겠다는 기옥의 결심을 듣고 놀랐다. 남자 비행사도 많지 않은데, 여자가 비행사가 되겠다니 놀랄 수밖에. 그렇지만 나라의 독립을 위해 비행사가 되겠다는 기옥의 굳은 결심을 듣고 도와주기로 했다.

1919년 11월, 대한민국 임시정부는 육군항공대를 창설하려는 계획을 세웠다. 1916년에 미국으로 망명하여 독립군 양성과 독립군

기지 건설에 힘쓰던 노백린이 1919년 9월에 임시정부 군무총장이 되었다. 1차 세계대전을 겪으면서 노백린은 전쟁의 성공 여부는 하늘을 지배하는 자에게 달려 있다고 믿었다. 그래서 1920년 2월에는 미국 캘리포니아 윌로스에 한국비행학교(비행사 양성소)를 설립해 활주로를 만들고, 연습용 비행기 두 대를 사들였다. 비행기에는 태극마크와 조선항공대를 뜻하는 'KAC'라는 글자도 새겨 넣었다. 한때 한국인 비행사 40여 명이 훈련을 받았다.

그런데 안타깝게도 그 전해 가을 대홍수에 한파까지 겹쳐 농장이 파산해 학교를 중단하는 바람에 1923년에 폐교된 상태였다. 물론 비행학교를 다시 열려고 노백린이 백방으로 노력했만 쉽지 않았다. 노백린은 비행학교가 휴교하지 않았다면 기옥을 받아들였을 거라며 안타까워했다. 기옥에게는 더욱 안타까운 일이었다.

안창호 역시 독립사상을 일깨우는 선전물도 뿌리고 중국 대륙을 횡단하며 독립운동 단체들과 연락할 수단으로 장거리를 이동할 수 있는 비행기를 구입하고 싶어 했다. 이 또한 임시정부의 자금 사정이 여의치 못해 이루어지지 못했다.

한국비행학교는 중단되었고 비행기를 사지 못하는 상황이었지만, 독립운동가들도 비행기에 관심이 많다는 반증이기도 했다. 기옥은 희망을 잃지 않았다. 비행기의 중요성을 깨닫고 있다는 것만으로도, 그리고 어떻게든 비행기를 마련하려 한다는 사실에 희망을 느꼈기 때문이다.

기옥은 당장 할 수 있는 일들을 찾았다. 임시정부 뒤편 보강리에 있는 이동휘 선생 집에 머무르면서 이동휘 선생과 노백린 선생을 돌봐 드리면서 우리 겨레의 역사를 공부했다.

마침 보강리에는 천도교 종리원(사무와 행정을 맡아 보는 기관)이 있었다. 천도교의 원래 이름은 동학이다. 수운 최제우가 서학에 대항한다는 뜻으로 동학을 창도했는데, 훗날 3세 교주인 손병희가 이름을 바꿔 천도교라 불렀다. 기옥은 천도교 종리원에서, 천도교파 일원으로 베이징 등지에서 군자금 모집 활동을 했던 최동오 선생에게서 천도교 교리를 들었다. '사람이 곧 하늘'이라는 인내천(人乃天) 사상은 기독교도인 기옥에게도 깊은 울림을 주었다. 천도교의 창시자 최제우는 여자 노비 두 명을 해방시켜 한 명은 양딸로 삼고 다른 한 명은 며느리로 삼았으며, 여자와 아이들을 한울님(천도교에서 하느님을 이르는 말)처럼 받들어 인내천 사상을 실천했다고 했다.

기옥은 대종교 시교당에도 가 보았다. 임시정부 법무총장인 신규식 선생이 시교사였고, 임시정부 요인들 중에서 박은식 선생, 이동녕 선생, 박찬익 선생, 김두봉 선생 등이 대종교인이었다. 기옥은 박은식 선생의 '배달민족사' 강의를 들으며 가슴이 벅차오름을 느꼈고, 김두봉 선생의 우리말에 대한 열정을 보며 자부심을 느꼈다. 신규식 선생의 '한국혼' 강의는 마음속에 끓어오르던 기옥의 열정을 끄집어냈다. 기옥은 천도교와 대종교를 만나면서, 기독교만 존중해 오던 생각에서 벗어났다. 특히 독립운동을 하는 데 종교를 가를 필요가 없다는 생각이 들었다.

어린 학생들과 공부하다

기옥은 역사와 종교 공부 말고도 영어와 중국어를 정식으로 공부하고 싶었다. 언어를 알아야 비행기 공부도 더 잘 할 수 있을 터였다. 기옥은 학교에 들어가기로 했다. 막상 결심은 했지만 어떤 학교에 들어가는 게 좋은지 알 길이 없었다.

주변 사람들에게 고민을 털어놓자 동포들이 많이 사는 난징에 있는 학교로 들어가라고 추천해 주었다. 그런데 생각해 보니 난징에는 한국 사람들이 많아서 오히려 중국어가 늘지 않을 것 같았다. 기옥의 생각을 들은 김순애 여사가 항저우에 있는 홍타오여학교에 들어갈 수 있도록 연락해 주었다. 기옥은 임시정부에서 내준 추천장을 들고 항저우로 출발했다. 1921년 4월쯤이었다.

홍타오여학교는 미국인 선교사가 운영하는 학교였다. 영어를 전혀 할 줄 모르는 기옥은 미국인 여교장을 만나 입학하고 싶다는 이야기를 한자로 써서 전했다. 다행히 기회를 얻어 편입시험을 보았다. 그러나 영어를 몰라 시험 문제도 읽지 못했고, 당연히 답안지를 제대로 작성하지 못했다. 열서너 살 학생들이 배우는 중학교 1학년 과정부터 시작하는 조건으로 입학은 허락되었다. 영어와 중국어로 하는 수업을 잘 알아듣지 못했고, 심지어 주위에서는 공부를 포기하라고까지 말했다. 이때 기옥의 나이는 스물한 살이었다.

기옥은 포기하지 않았다. 아니 포기할 수 없었다. 어린 학생들과 공부하는 것은 창피하지 않았다. 어떻게 들어온 학교인데, 영어가 안 된다고 그만둘 수는 없었다. 그래서 길게 땋은 머리를 단발머리로 짧게 자르고 마음을 굳게 먹었다. 1학년에서 언어를 배우고 3학년에

가서 수학과 물리를 배우는 등 기옥의 수준에 맞게 차근차근, 그러면서도 매우 열심히 공부했다. 한 학기를 마치고 나니 영어가 어느 정도 들리는 듯했지만 대화를 나누기에는 아직도 많이 부족했다.

여름방학이 되자 기옥은 서양인 선교사 집에서 집안일을 하면서 선교사 부인에게 영어를 배웠다. 학교 교장에게 영어를 배우게 해 달라고 졸라서 얻은 기회였다. 이 기회를 놓칠세라 기옥은 피나게 노력했다. 그 결과 방학이 끝나고 다시 학교로 돌아왔을 때, 기옥의 영어 실력은 모두가 깜짝 놀랄 정도로 향상되어 있었다. 열심히 노력한 결과였다. 그다음부터 기옥의 성적은 줄곧 상위권이었다.

방학 때마다 선교사 집에서 영어를 공부하고 중국인 친구들과 사귀면서 중국어를 잘 배운 덕에, 기옥은 2년 2개월 만에 훙타오여학교를 졸업했다. 항저우 유학생 중 학교를 졸업한 사람은 단 두 명이었는데, 한 명은 엄항섭이었다. 기옥은 훙타오여학교의 유일한 한국인 졸업생이 되었다. 1923년 6월이었다. 졸업장을 받아 들고 기옥은 상하이로 돌아왔다.

상하이로 돌아와 보니 임시정부는 독립운동의 방식을 두고 세력이 나뉘어 있었다. 한쪽은 무력으로 싸우지 말고 외교로 독립을 이루자고 주장하는 외교론자들이었고, 다른 한쪽은 외교론으로 독립을 이루기보다는 우리 자신의 힘으로 무기를 들고 싸워 독립을 쟁취하자고 주장하는 무장투쟁론자들이었다. 독립운동을 어떻게 이끌어 나갈 것인지를 두고, 임시정부는 때로는 대립도 하고 갈등도 겪느라 어수선했다.

게다가 임시정부는 외교활동의 성과도 뜻한 만큼 이루어 내지 못했고, 만주 지역에서 벌어졌던 무장세력을 잘 통괄하지도 못했다. 그러자 이를 비판하는 세력들이 늘어났다. 마침내 독립운동가들이 모여 통일된 지도부를 만들자며 1923년 1월에 국민대표회의를 소집했다. 이 자리에서 임시정부를 그대로 유지하면서 실정에 맞게 개편하고 보완해야 한다고 주장하는 사람들이 있었는데, 이들을 개조파라고 불렀다. 반대로 임시정부를 해체하고 새로운 정부를 조직해야 한다고 주장하는 사람들은 창조파라고 불렀다. 이 두 파는 팽팽히 맞섰고, 어느 한쪽도 의견을 굽히지 않아 국민대표회의는 끝내 결렬되었다.

이러한 상황이 실망스러웠지만, 기옥은 자신이 할 일에 집중하기로 했다. 독립운동가들과 상하이 교민들의 자녀 교육을 위해 임시정부가 만든 인성학교에서 강사를 했다. 그러면서도 비행학교에 대한 꿈은 포기하지 않았다. 그렇지만 마음속으로 기대하던 캘리포니아에 있는 윌로스 비행학교는 끝내 다시 문을 열지 못했다. 기옥은 중국 쪽으로 눈을 돌리기로 하고 중국의 정치인들과 친분이 깊은 안정근 선생을 찾아갔다.

비행사가 되는 길을 스스로 찾다

중국에는 항공학교가 네 군데 있었는데, 모두 군벌 세력들이 세운 학교였다. 베이징 근처에 있는 난위안항공학교를 비롯하여 바오딩항공학교, 광둥항공학교, 윈난육군항공학교였다.

안정근 선생이 알아보았더니, 난위안항공학교와 바오딩항공학교는 기옥이 여자라는 이유로 입학을 거절했다. 삼민주의 혁명가인 쑨원이 세운 광둥항공학교는 입학을 허가했지만, 이론 교육만 실시한다고 했다. 학교에 비행기가 없다는 것이 문제였다. 직접 하늘을 나는 비행사가 되고 싶었던 기옥은 비행기가 없는 광둥항공학교는 아무런 의미가 없어 거절했다. 마지막 선택지는 윈난육군항공학교였다.

　　기옥은 편지로 입학을 문의하면 또 거절당할지 모른다는 걱정이 앞섰다. 직접 윈난으로 가 보기로 했다. 워낙 멀기도 하고, 곳곳에서 벌어지는 중국 군벌들의 전쟁으로 안전이 걱정된다며 안정근 선생이 기옥을 말렸다. 그러나 기옥의 간절한 마음은 누구도 말리지 못했다.

　　1923년 9월 1일, 일본 간토(関東) 지역에서 진도 7.9의 지진이 일어났다. 사상자가 10만 명에 부상자가 20만 명이 생긴 엄청난 지진이었다. 당시 일본은 경제불황으로 실업자가 늘어나고 쌀값이 폭등하고, 자유민권 운동이나 공산주의 운동으로 정세가 불안했다. 그야말로 일본 사회는 뒤숭숭했으며, 일본 사람들은 불안에 떨었다.

　　일본 정부는 사회가 불안한 원인을 일본에 있는 조선인 탓으로 돌리기 시작했다. 일본 정부는 조선 사람들이 일본 각지에 불을 지르고, 폭동을 일으키고, 우물에 독약을 푼다는 유언비어를 퍼뜨렸다. 지진으로 고통받던 일본 사람들은 순식간에 엄청난 불안에 휩싸여 자경단을 조직하여 조선 사람들을 잡아들였다. 자경단에 잡힌 조선 사람들은 그 자리에서 칼, 죽창, 곤봉 등의 흉기로 죽임을 당했는데,

그 수가 무려 6천여 명에 이르렀다.

 일본 정부는 이에 그치지 않고 조선인 학살 사건을 보도하지 말라는 금지령을 내렸다. 군대와 관헌의 조선인 학살 정보는 신문에 보도되지 않았다. 일본 경찰은 보고도 못 본 척했으며, 심지어 조선인 학살에 가담하기도 했다. 조선인 학살 사건은 조선인들의 인권과 진실은 감추어진 채 자경단이 공황 상태에 빠져 저지른 단순 범죄로 처리되었다. 이것이 일본의 간토 대학살 사건이다.

 이 같은 악랄하고도 끔찍한 일본의 만행 소식을 전해 들은 기옥은 분한 마음이 들었다. 하루빨리 비행사가 되어 일본 왕궁을 폭파하고 싶다는 생각이 들었다. 그러자 기옥은 마음이 더 급해졌다.

 먼저, 기옥은 윈난항공학교에 대한 정보를 수집했다. 항공학교가 있는 윈난성의 성장인 탕지야오는 한국 독립에 우호적이었으며, 임시정부 군무총장 노백린과 일본육군사관학교 졸업 동기이기도 했다. 윈난육군군관학교에서 한국 청년들이 교육을 받을 수 있게 도움을 주고 있다는 정보도 들었다. 1920년에 있었던 평안남도 도청의 경찰부 폭파 사건 때의 동지 문일민이 윈난육군군관학교에 입교했다는 이야기도 들려왔다. 임시정부의 이시영 선생의 추천서와, 탕지야오와 중국혁명동맹회 동지인 방성도가 써 준 추천서를 갖고 기옥은 상하이를 떠나 윈난으로 출발했다. 이때가 1923년 12월이었다.

상하이에서 배를 타고 하이난섬에 잠시 들른 다음에, 베트남의 하이퐁항에 도착하여 다시 기차를 타고 베트남 하노이까지 갔다. 하노이에서 기차를 타고 베트남 국경까지 간 다음 윈난성의 국경도시 라오까이에 도착했다. 이곳에서부터는 도둑 떼가 들끓고 길이 험한 탓에 치마를 입었던 기옥은 바지로 갈아입었다. 머리를 밀짚모자 안으로 감추고 남자처럼 변장했다. 윈난성에서 쿤밍성까지 500km나 되는 먼 길을 당나귀를 타기도 하고, 당나귀가 다니지 못할 정도로 험한 길은 걸어서 갔다.

기옥은 윈난육군군관학교에 들어가려는 우리나라 청년 세 명과 같이 길을 떠났다. 고생스럽고 힘든 길이었지만 같이 가는 사람들이 있어 마음은 즐거웠다. 네 사람은 다리 아픈 것도 잊은 채 밤하늘에 뜬 달을 보고, 〈아리랑〉을 부르고, 마음을 달래며 걸었다.

쿤밍에 들어서서는 윈난육군군관학교를 졸업하고 의무 복무 기간 동안 한국 청년들이 살고 있는 집에서 하루를 머물렀다. 그다음 날, 아침 일찍 윈난성의 성장 탕지야오를 만나러 갔다. 그러나 성장

2. 비행사가 되어 하늘을 날다

은 만나지도 못하고, 추천서를 두고 가라는 말만 듣고 숙소로 돌아와야 했다. 그날 밤이 되어서야 다음 날 윈난성으로 오라는 연락을 받았다.

　　이튿날, 기옥은 밥도 안 먹고 탕지야오 성장을 만나러 갔다. 탕지야오는 이곳이 워낙 변방이라 남자들도 오기 힘든 곳인데, 여자인 기옥이 찾아왔다는 사실에 대견해했다. 게다가 나라 잃어버린

한을 품고 비행사가 되어 나라를 되찾겠다고 나선 기옥의 의지를 더욱 높이 평가했다. 그리하여 탕지야오 성장은 윈난항공학교 교장에게 기옥을 입학시켜 줄 것을 부탁하는 편지를 그 자리에서 써 주었다. 비행학교 입학의 길에 한 발 더 다가선 셈이었다.

윈난항공학교에서 비행기를 만나다

기옥은 탕지야오 성장의 편지를 들고 윈난항공학교로 달려갔다. 그러나 학교 측은 남자만 다니는 사관학교에 여자를 받으라는 편지를 받자 당황해했다.

그때 학교에서는 새로운 교장의 취임식이 열렸다. 그런데 새로 온 교장은 여학생을 받아들일 수 없다며 기옥에게 돌아가라고 했고, 물러난 전임 교장은 특례를 만들어서라도 입학을 시켜야 한다고 주장했다. '기옥을 받아들여야 한다', '받지 말아야 한다' 옥신각신했지만, 결국 신임 교장은 기옥이 살 기숙사를 새로 지어 주고, 여자 하인을 붙여 주기로 하면서 입학을 허가했다. 기옥은 뛸 듯이 기뻤다. 그때가 1923년 12월 31일이었다.

1924년, 기옥은 드디어 윈난항공학교에 입학했다. 윈난항공학교 1기생으로 학생 39명이 입학했는데, 기옥 외에 이명무, 이춘, 장지일 등 한국인 남학생 세 명도 입학했다. 당시 윈난항공학교에는 프랑스에서 구입한 비행기가 20대 있었고, 프랑스 사람 두 명이 비행을 훈련시키고 있었다.

기옥은 항공학교에 입학하자 그동안의 한을 풀듯 열심히 공부하고 배웠다. 비행기 정비하는 방법을 배우는 실기 수업이 제일 어려웠다. 기옥은 손아귀 힘이 모자라 기술을 제대로 익히기가 힘들었던 탓이다. 그래서 일요일에 정비실에 따로 나와 끊임없이 연습하여 완벽하게 해내고야 말았다. 체력 단련뿐만 아니라 총검술, 사격, 유격 훈련, 산악 행군 등 모든 과정을 남자들과 똑같이 해냈다. 여자라 못한다는 소리를 듣고 싶지 않았다. 왜놈들에게 고문당하고 까무러치던 기억이 떠오를 만큼 힘들었다. 그러나 기옥은 기어이 해냈다.

기본적인 교육이 끝났다. 기옥에게도 비행기를 탈 수 있는 기회가 왔다. 먼저, 비행기를 잘 타는지를 알아보는 적성검사를 통과해야 했다. 비행기에 생도를 태우고는 조종사가 비행기를 이리저리 마구 흔들어 대는 시험이었다. 이때 생도가 비명을 지르거나 멀미를 하

면 무조건 탈락시켰다. 적성검사에서 많은 생도가 탈락했다. 기옥은 체력도 워낙 좋은 데다, 배우겠다는 의지가 뛰어나 조종과에 너끈히 합격했다. 총 서른네 명 중에 열아홉 명이 합격했다. 그러나 적성검

사에 한 번 합격했다고 안심할 일이 아니었다. 3개월에 한 번씩 검열 시험을 보아 비행에 잘 적응하지 못하면 탈락시켜 기계과로 보냈기 때문이다.

대한민국 최초의 여성 비행사가 되다!

드디어 기다리던 비행실습 시간이 왔다. 기옥은 심호흡을 크게 한 번 하고 비행기 앞자리에 앉았다. 교관이 뒷자리에 앉아서, 기옥에게 이리 가라 저리 가라 고래고래 소리를 질렀다. 여자라고 봐주지 않았다. 물론 기옥도 여자라고 봐 달라고 하지도 않았다. 두 달 동안 비행기를 빙글빙글 돌리거나 아래로 미끄러지는 비행, 8자 비행 등을 훈련받았다. 그다음에는 비행기를 이륙시키고 착륙시키는 훈련이 이어졌다. 훈련비행 9시간을 한 다음 교관이 기옥에게 말했다.

"권기옥, 단독비행을 허락한다."

보통은 20시간 정도 훈련비행을 해야 단독비행의 기회를 얻을 수 있었다. 기옥은 판단이 빠르고 침착하고 용감해야 하는 비행사의 자격을 모두 갖추었기에 훈련 비행 9시간 만에 단독비행을 할 수 있게 된 것이다.

드디어 기옥 혼자서 비행기를 조종할 수 있는 날이 왔다. 비행

장 활주로에는 비행기가 아침 햇살을 받으며 반짝였다. 기옥이 조종할 비행기였다. 기옥은 비행실습 때처럼 숨을 크게 들이쉬고 비행기에 올라탔다. 기옥이 조종석에 자리를 잡자, 정비사들이 프로펠러를 온몸으로 돌려서 발동을 걸었다. 잠시 뒤 발동이 걸리고 예열이 되었다. 비행기가 서서히 앞으로 나아가기 시작했다. 기옥은 가속페달을 지그시 밟았다. 그러자 비행기가 앞으로 돌진했다. 바로 그때 기옥이 비행기 조종간을 잡아당겼다.

비행기가 공중으로 힘차게 떠올랐다. 하늘로 떠오른 비행기는 고도 1,500m를 유지하며 하늘을 날았다. 기옥은 비행기 창문 밖을 내다보았다. 아름답게 피어 있는 꽃들이 눈에 들어왔다. 시원한 바람은 기옥의 어깨를 스쳐 지나갔다. 다시 한번 숨을 크게 들이쉬었다. 기옥은 첫 단독 비행을 영원히 간직하려는 듯 그 느낌을 가슴에 깊이 새겼다. 첫 비행시간은 3분이었다. 비록 짧은 시간이었으나 푸른 하늘로 활기차게 날아오른 기옥의 비행은 이제 시작이었다.

1924년 7월 초 첫 단독비행을 하고는 사진을 찍어 도산 안창호에게 편지와 함께 보냈다. 자신의 독립의지와 비행사가 되었음을 알리는 편지였다. 비행기와 비행사를 구하기 위해 백방으로 힘을 썼지만 성공하지 못했던 안창호에 대한 예의였다.

 기옥의 비행 이야기는 항공학교 안에서만 머물지 않았다. 윈난 항공학교에 독립운동을 하다가 망명한 한국 여성, 기옥이 있다는 사실은 오래지 않아 세상에 널리 알려졌다. 기옥의 이야기를 알게 된 일본 경찰이 가만히 있을 리 없었다.

 어느 날 비행사가 되겠다며 한국 청년 셋이 기옥을 찾아왔다. 상하이에서부터 윈난까지 걸어왔다고 했다. 그 모습이 안쓰러워 기옥은 그들에게 잘해 주었다. 그렇게 지내는데, 기옥과 기옥의 동기 이영무와 장지일은 그 청년들이 일본영사관에 출입한다는 사실을 알았다. 기옥과 동기들은 이 청년들에게 무언가 꿍꿍이가 있다고 의심했다. 청년들 중 한 명을 조용히 산으로 불러내 순식간에 덮쳐 포박을 지웠다. 그러고는 그 청년에게 일본영사관에 출입하는 이유를 추궁했다. 뜻밖에도 그 청년은 끔찍한 말을 했다.

 일본 경찰이 자신들을 매수했고, 기옥을 납치해 오라고 했다는 것이었다. 납치할 수 없으면 암살이라도 하라는 지시를 받았다고 실토했다. 게다가 기옥을 체포한 다음에는 윈난에 있는 한국 생도들을 모조리 잡아들일 계획까지 세웠다고 말했다. 기옥과 동지들은 깜짝 놀랐다. 그러나 놀라는 것도 잠시, 이제 그 청년을 어떻게 할 것인지가 문제였다. 그를 돌려보내면 기옥은 물론 윈난에 있는 한국 학생들이 모두 일본 경찰에 잡히거나 살해될 수도 있는 일이었기 때문이다. 그래서 할 수 없이 그를 죽이기로 했다.

기옥의 동료들은 소리가 나지 않도록 권총에 수건을 감싸고는 그를 향해 총을 쏘았다. 청년의 시체는 산속에 파묻었다. 산을 내려오며 기옥과 동지들은 같은 동포인데 일제의 앞잡이가 된 그 청년이 참으로 안타까워 마음이 무거웠다.

그런 일이 있은 지 며칠 뒤 일본영사관에서는 탕지야오 성장에게 기옥을 내놓으라고 요구했다. 그러나 탕지야오 성장은 학교 안에는 한국인 생도가 한 명도 없다고 잡아뗐다. 그 말을 들은 일본영사관은 앞으로 권기옥을 만나면 반드시 죽이겠다고 협박했다. 그리하여 학교에서는 기옥이 학교 밖으로 나가지 못하게 했다. 기옥은 학교 안에 틀어박혀 비행기 실습에만 몰두했다.

뜻하지 않게 갇히면서까지 힘들게 고생한 보람이 있었다. 기옥은 학교에 들어온 지 1년 2개월 만인 1925년 2월 28일, 윈난항공학교 1기생으로 졸업했다. 같이 입학했던 서른네 명 중에서 열두 명만이 조종사가 되었을 정도로 힘든 과정이었다.

졸업식 날, 기옥은 훈련복을 벗고 조종사 정복을 입었다. 탕지야오 성장이 축사를 하고, 조종사 휘장인 윙(wing) 배지를 달아 주었다. 기옥은 가슴에서 빛나는 은빛 날개를 감격스러운 마음으로 보았다. 기옥은 독립을 위한 발걸음을 한 발 더 내디뎠던 것이다.

이날은 기옥에게도, 조국에도 뜻깊은 날이었다. 기옥이 한국 최초의 여성 비행사가 되었기 때문이다. 비행기를 조종한다는 것 자체가 목숨을 거는 일이었고, 남자도 아닌 여자에게는 매우 힘든 일이었다. 게다가 암살의 위험까지 이겨 내면서 비행사가 되었기에 그 의미는 더욱 컸다.

졸업한 뒤에 기옥과 이영무, 장지일은 학교에 더 남아 견습비행사로 훈련을 받고는 상하이로 돌아왔다. 1920년 11월에 비행사가 되겠다는 목표를 갖고 찾아왔던 상하이로 다시 돌아온 기옥은 임시정부에 당당하게 들어갔다. 그러고는 조선총독부를 폭파하겠으니 비행기를 구입해 달라고 요청했다.

그러나 당시 임시정부는 경제적인 형편이 여의치 않았다. 비행기는 언감생심, 건물 월세 내기도 힘들었다. 우리나라의 현실이었다.

비행사가 되어 상하이로 돌아왔으나 기옥이 비행사로 활동할 기회는 없었다. 그러나 평양에서 상하이로 오고, 상하이에서 윈난으로 가고, 윈난에서 비행사가 된 것은 모두 가능할 것 같지 않았던 일이었다. 기옥은 하겠다는 의지 하나로 한 걸음 한 걸음 앞으로 나아가며 비행사가 된 자신을 생각했다. 그러자 비행기가 없다고 가만히 있을 수만은 없었다. 꼭 비행사가 되어 조선총독부를 폭파하겠다는 결심을 다시 한번 되새겼다.

3. "비행기로 조선총독부를 폭파하겠으니 비행기를 사 주십시오!"

기옥은 정찰기를 조종하며 일본군의 정황을 살폈다. 정찰기에서는 적을 향해 기관총을 쏠 수 있었다. 기옥은 아주 낮게 날아 기관총을 쏘았다. 그건 아주 위험한 행동이었다. 낮게 날면 일본군을 쏘아 맞힐 수 있지만, 일본군도 땅에서 기옥이 조종하는 비행기를 향해 기관포를 쏠 수 있었기 때문이다.

기옥은 아랑곳하지 않고 하루에도 몇 번씩 비행기를 몰고 나가 일본군에게 총을 쏘았다. 그때마다 일본군들은 허둥지둥 놀라서 도망쳤다. 그 모습을 보니 그동안 일본에 당했던 일들이 생각나 통쾌했다.

기옥은 언제나 비행기를 타고 일본군을 무찌를 자신도, 조선총독부를 폭파할 능력도 있었다. 비행기만 있으면 당장이라도 일본에 쳐들어갈 수 있다는 자신감이 넘쳤다. "비행기를 사 주십시오. 제가 가서 조선총독부를 폭파하겠습니다."

비행기, 그리고 그림의 떡

1926년 1월 초순, 기옥은 이영무와 함께 상하이로 와서 독립운동을 모색해 보았지만 달리 할 일이 없어 다시 베이징을 거쳐 톈진까지 갔다. 톈진에서 다시 의열단 단원들과 함께 광저우로 갔다.

당시 의열단 단원들은 중국 혁명이 성공하면 조선 독립도 희망이 있을 것이라 전망했다. 기옥은 중국에서 활동하는 독립운동가들의 움직임과 함께 중국의 정치 상황을 알아보았다. 그랬더니 광저우에는 만주와 시베리아, 조선, 일본, 모스크바 등 각지에서 몰려온 조선 청년들이 800명 넘게 있으며, 많은 청년이 황푸군관학교나 중산대학에 다니거나 교관으로 있다고 했다. 이러한 소식은 의열단 의백(단장) 김원봉에게 들었다.

이튿날에는 기옥이 윈난항공학교에 입학하려던 때에 윈난성장에게 보내는 방성도의 추천장을 받아 준 김철남을 만났다. 그는 황푸군관학교 부관으로 있었는데, 황푸군관학교 교관의 60%가 윈난육군군관학교 출신이며, 그중에 한국인 교관도 있다고 했다. 또 황푸군관학교 교장 장제스의 부관으로 있으며 독립운동계의 이론가이자 실천가인 손두환에게서는 기옥이 가장 관심을 갖고 있는 광둥항공학교에는 비행기가 구식 정찰기 몇 대밖에 없다는 말을 들었다. 그 말을 듣고 기옥은 참으로 실망스러웠다.

며칠 뒤에 대사두에 있는 항공학교를 찾아가서 비행사가 되려는 청년들을 만났다. 황푸군관학교 3기인 김지일, 유철선, 장성철, 그리고 광둥 군사비행학교 1기 김진일, 광둥 제2군관학교를 졸업한 이용직 등이었다. 그들은 모스크바에 가서 전투기 조종훈련을 받고 싶어 했고, 수상 비행기 조종을 배우고 싶어 했다. 독립군 항공대를 만들기 위해서는 비행기 제작하는 것을 알아야 하기 때문에 비행기 제작을 배우고 싶다고도 했다. 그들은 모두 조국의 독립을 위해 항공대가 만들어질 날을 기다리며 조종술과 비행기 제작을 공부했다. 젊은 청년들을 만나 조국과 비행 이야기를 나누면서 마음이 새로워지고 기운도 났지만, 기옥이 할 수 있는 것은 하나도 없었다.

그래서 다시 이영무와 함께 광저우에 있는 몽양 여운형을 찾아갔다. 1926년 초에 여운형은 중국국민당 제2차 전국대표자대회에 참석하여 한국과 중국이 연합하여 반제·반일 투쟁을 해 나가자는 연설을 했다. 일본의 지원을 받는 장쭤린은 당시에 우리 독립군들에게 엄청난 피해를 입혔다. 여운형은 펑위샹이 장쭤린을 몰아내도록 도우라며 펑위샹 군대에 있는 서왈보에게 가라고 했다. 여운형의 소개 편지를 들고, 기옥과 이영무는 베이징에 있는 서왈보를 찾아갔다.

중국은 소련의 지원을 받는 펑위샹과 일본의 지원을 받는 장쭤린이 대결하고 있었다. 기옥과 이영무는 이런 사실을 국민군 항공대 비행소좌인 서왈보에게서 전해 들었다. 기옥은 국민군(펑위샹 군대) 제1항공대 초대 비행사로 일하기로 했다. 초대 비행사란 군인 계급도 없이 돈을 받고 고용되거나 자원하는 비행사를 말한다.

기옥은 난위안 비행장에 있는 이탈리아제 언살도 비행기를 조종하며 정찰비행을 했다. 그러나 비행기를 탈 수 있는 상황에 기뻐할 틈도 없이 베이징을 포기하고 퇴각하라는 명령을 받았다. 장쭤린의 기세에 눌린 펑위샹의 군대가 퇴각하기 때문이었다. 비행기를 모두 버리고 도망을 가야 한다는 사실에 기옥은 화가 났지만, 어쩔 수가 없었다.

그러나 서왈보는 비행기를 버려두고 갈 수 없다며 혼자서라도 비행기를 베이징에서 서북쪽으로 200km 떨어진 안전한 장자커우로 옮기겠다고 했다. 그러면서도 기옥에게는 퇴각 명령을 따르라고 했다. 후퇴 명령이 떨어지자 중국인들은 벌써 도망가고 있었다. 비행기를 두고 떠나려니 기옥은 발길이 떨어지지 않았다. 퇴각하라는 명령을 받은 데다 서왈보의 거듭되는 재촉에 어쩔 수 없이 그를 남겨 두고 떠났다.

기옥은 베이징을 떠나 안전하게 있었지만, 비행기가 궁금해 죽을 지경이었다. 비행기가 없는 조종사는 날개 없는 새와 같다는 생각이 들었다. 비행기를 찾으러 나섰다. 기옥은 베이징에서 장자커우로, 다시 장자커우에서 서왈보가 있다는 항공사령부로 갔다.

그러나 서왈보는 항공사령부에 없었다. 그곳에서 5km 떨어진 공가장에 있다고 하여 그리로 가려던 참에 서왈보가 기옥 앞에 나타났다. 항공사령부에 마침 출장을 나와 있었던 것이다.

반가운 마음을 나눈 뒤 기옥은 서왈보에게서 비행기를 옮겨 놓은 이야기를 들었다. 난위안 비행장에서 비행기를 조종하여 장자커우 공가장에 옮겨 놓고, 거기서 차를 타고 다시 난위안으로 가서 또 비행기를 몰아 공가장에 옮기기를 열 번이나 반복했다고 했다. 기옥은 같이 할 걸 그랬다는 생각이 들었다. 비행장에는 서왈보가 옮겨서 구한 비행기 10대가 떡하니 버티고 있었다. 하지만 그림의 떡이었다.

비행기에 넣을 기름을 구하는 것이 '하늘에 있는 별 따기'만큼이나 힘들었다. 그래서 비행기를 조종해 볼 기회도 없었다.

　다시 돌아온 기옥은 중국 국민군 항공대에 정식으로 입대했고, 항공처 부비항원으로 임명되었다. 비행기를 타려면 어쩔 수 없는 선택이었다. 기옥이 공가장으로 들어오자 한국 동포들이 뜨겁게 환영했다. 그들은 임시정부 초대 참모총장을 지낸 유동열 선생을 비롯하여 의사인 신영삼, 문필가인 이상정 등이었다.

서왈보의 선전 비행과 죽음

1926년 5월 6일, 서왈보의 시험 비행이 있는 날이었다. 2년 전 이탈리아에 주문했던 비행기 12대가 왔다며 서왈보가 신이 나서 시험 비행과 시범 비행을 해 보겠다고 한 것이다. 미리 소식을 듣고 많은 사람이 비행장을 찾아왔다. 서왈보의 아내와 딸도 왔다. 기옥도 다른 비행사들과 서왈보의 비행을 보러 왔다. 서왈보는 비행장을 찾은 사람들에게 손을 흔들어 인사하고 비행기에 올라탔다.

　이탈리아제 언살도 단엽기는 다른 비행기보다 성능이 좋고 예

민했다. 비행기 조종이 손에 익기도 전에 서왈보는 무리하게 조종을 했다. 서왈보는 비행기를 급격하게 몰아 하늘로 치솟았다가 땅을 향해 급격히 내려왔고, 다시 수평으로 날다가 선회비행을 했다. 공중돌기와 비틀기를 하면서 서왈보는 비행기 묘기를 보여 주었다. 보는 이들은 잠시 쉴 틈도 없이 이어지는 신기한 곡예비행에 저마다 손에 땀을 쥐고 구경했다.

그때였다. 비행기가 비틀기를 하면서 급강하를 하다가 그대로 땅에 곤두박질쳤다. 서왈보의 의도와는 다르게 다시 떠오르지 못한 것이다. 천둥이 치는 듯한 요란한 폭발음이 들려오고, 이어 시커먼 연기가 솟아올랐다. 눈 깜짝할 사이에 벌어진 일이었다. 비행기는 산산조각이 났다. 비행기를 조종하던 서왈보는 끝내 조종석 밖으로 탈출하지 못했다.

시뻘건 불길에 휩싸인 비행기를 지켜보던 사람들의 마음도 불타고 있었다. 비행기의 굉음 소리가 사라진 비행장에는 서왈보의 아내와 딸의 울음소리가 크게 울려 퍼졌다. 기옥의 통곡도 그칠 줄 몰랐다.

기옥과 상정 결혼하다

1926년 7월이 되자 장쭤린의 군대가 다시 쳐들어오기 시작했다. 장쭤린 군대는 일본군의 지원을 받고 있어 독립군의 목숨이 위태로웠다. 기옥은 비행장이 있는 공가장에서 만난 유동열 선생 일행과 같이 피신하여 고비 사막의 입구인 내몽골 쑤이위안성의 바오토우로 갔다. 그 일행 중에 이상정이 있었다.

이상정은 대구 사람으로 군사학을 배워 독립운동을 하겠다고 마음먹고 열다섯 살에 일본으로 유학 가서 일본육군사관학교 유년학교(육군 장교를 지망하는 청소년을 위한 교육기관으로 육군사관학교의 전 단계에 속한다)에 들어갔다. 그러나 일본육군사관학교는 일본의 황군을 양성하는 데 혈안이 되어 있어 일본의 우수성만을 강조하는 교육을 했다. 자신이 생각했던 것과 다른 교육을 받게 되자 이상정은 유년학교를 그만두었다. 일본을 이기려면 일본을 알아야겠다는 생각으로 국학원대학에 들어갔다. 그러나 국학원대학도 일본 신사의 신관을 양성하는 학교여서 그만두었다.

그 대신 상정은 영어 학원을 다니면서 경영학과 서양미술을 공부했다. 스물한 살에 다시 조선으로 돌아와 대구 계성학교, 서울 경신학교, 평양 광성학교, 정주 오산학교에서 학생들을 가르쳤다. 이상정은 이후 3·1 운동에도 참여하고, 임시정부를 후원하는 의용단 활동도 했다. 그렇게 독립운동을 하다가 체포될 위기에 처하자 피신하다가 유동열 선생을 만나 이곳까지 오게 된 것이다.

상정과 기옥은 고국에서 했던 자신들의 독립운동 이야기를 나누었다. 기옥은 대동강의 풍경을 이야기하고 독립운동을 위해 비행사가 된 이야기를 했으며, 상정은 대구와 낙동강을 이야기하며 그곳까지 오게 된 사정을 말했다. 둘은 살아온 이야기를 하며 고향과 고국에 대한 마음을 달랬다.

그러면서 둘은 서로 사랑하는 마음을 확인했다. 독립운동만을 위해 살아온 각자의 삶에, 같이 운동할 동지이자 사랑의 반려자가 찾아온 것이었다. 두 사람은 같이 살기로 마음먹고 결혼하기로 했다.

1926년 10월 6일, 두 사람은 결혼식을 올렸다. 기옥은 비행사 정복을 입었고, 상정은 중국 옷을 입었다. 검소한 차림이었다. 유동열 선생이 주례를 섰으며, 결혼증서도 써 주었다. 약간의 고기와 술로 축하하는 아주 단출한 결혼식이었지만 참석한 사람들은 진심으로 축하해 주었다. 둘의 마음도 앞으로 펼쳐질 희망으로 벅차올랐다.

내몽골에서의 생활이 녹록지 않아 기옥과 상정은 결혼 한 달 만인 1926년 11월에 베이징으로 왔다. 단출한 결혼식에 대한 아쉬운 마음이 들어 순백의 면사포와 화환을 빌려 결혼사진을 찍었다. 부모님 허락도 없이 결혼식을 올리고 나니 죄송스러운 마음이 들어 기옥은 결혼사진을 고국에 계신 부모님께 부쳤다. 타국에서 먹고살기가 힘든 탓에 편지에 돈도 부쳐 달라는 내용도 덧붙였다.

중국 하늘을 정복하는 조선의 용사

1926년 6월 5일, 장제스가 국민혁명군(중국 국민당의 군대) 총사령관으로 임명되었고, 국민혁명군이 북벌전쟁을 벌이면서 북상해 왔다. 기옥은 국민혁명군의 상하이 진입에 맞춰 상하이로 가자고 했다. 그곳에 가면 항공대가 만들어질 것이고, 비행기를 몰 수 있을 것이라는 판단이 들어서였다. 상정은 만주로 가서 독립운동을 활발하게 하고 싶었지만 기옥의 의견에 따라 1927년 1월 초에 상하이로 갔다.

상하이에서 옛 동지 임득산(평양에서 임시정부 공채를 옮길 때 기옥이 신부로 변장하고, 임득산이 신랑으로 변장했다)을 만나 임득산이 세든 집 2층으로 이사했다. 임득산과 상정은 독립운동 자금을 마련하기 위해 가게를 열었다.

3월이 되자 남쪽으로 밀려 내려갔던 장제스의 국민혁명군이 민중의 환영을 받으며 다시 북쪽으로 올라와 상하이와 난징을 점령했다. 상하이에서 국민혁명군은 임시정부를 수립하고, 공군을 창설했다. 국민혁명군 항공사령관은 기옥이 윈난항공학교 입학 때 도움을 주었던 전임 교장 류페이첸 장군이었다. 기옥은 류페이첸의 제안으로 국민정부동로항공사령부 비항원(국민정부의 비행사)으로, 소령에 임명되었다.

곧이어 만주에서 독립군단을 이끌다가 국민혁명군 참모부에 들어온 김홍일 대령을 만났고, 서왈보의 도움으로 바오딩항공학교에 입학하여 지금의 항공사령부 소령이 된 최용덕도 만났다. 기옥은 최용덕에게 서왈보의 죽음을 이야기했다. 다시 한번 서왈보의 죽음을 안타까워했다. 최용덕과 김홍일, 그리고 권기옥, 이 세 사람은 해방과 대한민국 건국, 한국전쟁을 겪으며 죽는 날까지 우정을 지속한다.

중국 국민혁명군 항공대에는 비행기와 비행사들이 부족한 상태였다. 그래서 기옥은 군벌들의 비행기를 접수하는 데 힘을 쏟았다. 그 과정에서 상정은 영어 통역관으로 중국 공군 창설에 힘을 보탰다. 중국의 국민혁명군 항공대는 순조롭게 창설되었다. 이때 기옥이 비행사로서 활동한 것을 국내의 신문이 다음과 같이 보도했다.

중국 창공에 조선의 붕익(鵬翼)

중국 하늘을 정복하는 조선 용사 그중에 꽃 같은 여류 용사도 있어

오직 한 사람뿐이던 조선 여자 비행사로 한번 진중에 나타날 때에는 군인의 정신을 빼놓을 만큼 미인의 용모를 지닌 권기옥 양.
 중국 비행사 중에는 그의 뛰어난 재주와 활발한 성격과 남의 혁명을 내 일로 알아 심혈을 다하는 그로서는 대단한 환영을 받던 터이더라.

중국의 분열과 다물비행단

국민당과 공산당으로 나뉘어 있던 중국은 혁명을 수행하고 일본에

대항하기 위하여 힘을 합치기로 했다. 이를 국공합작이라 한다.

공산당이 일본과 극렬하게 싸우면서 중국 국민들에게 뜨거운 지지를 받게 되었고, 그러자 국민당의 장제스는 공산당의 세력이 커지는 것을 두려워하기 시작했다. 그러더니 장제스는 국공합작을 파기한다. 급기야 1927년 4월 12일, 장제스는 상하이와 국민혁명군 안에 있는 공산주의자들을 색출해서 체포하라는 명령을 내렸다. 반공 쿠데타를 일으킨 것이다.

그러나 국민당 지도부는 국공합작을 유지하려고 장제스를 제명했다. 화가 난 장제스는 공산당과 국민당 좌파가 이끄는 우한정부에 맞서서 4월 18일에 난징국민정부를 세웠다. 우한정부 안에서 공산당과 국민당이 격하게 싸우자 1927년 6월에 우한정부는 공산당과 결별하고 장제스와 연합했다. 공산당은 8월에 난창에서, 12월에 광저우에서 무장봉기를 일으켰다. 중국이 둘로 나누어진 것이다. 이로써 중국의 통일은 어려워졌다. 이렇게 중국이 분열되는 과정에서 조선 청년들이 목숨을 많이 잃었다. 상황이 이렇게 되자 중국에서 독립운동을 하던 한국 독립지사들은 당황스러웠다.

1928년 초, 국민당 좌우파가 연합한 통합정부가 난징에 들어섰다(난징국민정부). 이를 따라서 항공사령부도 상하이에서 난징으로 이동했고, 기옥도 난징으로 이동했다. 이러한 과정에서 중국 정부는 소련에서 귀국한 비행사를 중심으로 공산당원이었던 사람들을 걸러내는 작업을 했다. 기옥과 같이 비행을 했던 사람들 중에 몇몇이 소련을 다녀왔다는 이유로 희생이 되었다. 기옥을 비롯한 비행사들의 마음은 갈기갈기 찢어졌다.

이런 어수선한 가운데에서도 기옥은 소련에 유학 갔다가 돌아온 한국인 비행사들과 독립군 비행대를 만들자는 희망 섞인 이야기를 나누었다. 사람들은 '빼앗긴 한반도와 잃어버린 만주 땅을 다물자'라는 뜻으로 '다물비행단'이라는 독립군 비행대 이름도 지었다.

이런 일도 있었다. 기옥과 상정이 집주인과 집세 문제로 다툰 적이 있었다. 그러자 앙심을 품은 집주인이 기옥과 상정이 공산주의자라고 밀고해 버렸다. 기옥과 상정은 어처구니없게 중국 경찰에 잡혀갔다. 1928년 3월 18일이었다. 두 사람이 공산주의자가 아니라는 사실이 밝혀졌는데도, 중국 경찰은 두 사람을 일본 경찰에 넘겨 버렸다. 국내 신문에도 여류 비행사 권기옥이 체포되어 평양으로 호송될 것이라는 기사까지 실렸다. 평양에서 3·1 운동을 했던 행적으로 요

알아두면 좋은 역사 상식

중국의 국공합작

중국 청나라 말기에서부터 중화민국에 이르는 시기에, 자신이 가진 군사력으로 중앙에서 권력을 행사하는 고급 군인들의 세력인 군벌이 나타났다. 이들의 등장으로 중앙정부보다는 군벌이 힘을 쓰는 세상이 되었다. 1911년, 중국의 국부 쑨원을 중심으로 신해혁명을 일으켜 청나라를 무너뜨리고 민주주의 국가인 중화민국을 세운다. 쑨원은 임시대총통이 되어 임시정부를 수립했으나, 중국 군벌 위안스카이와 타협하여 중국의 지도자 자리를 위안스카이에게 넘겨준다. 위안스카이가 사망하자, 중국은 10년간 군벌의 시대가 이어졌다. 중앙 정부의 힘이 너무 약해지고 지방의 군벌들이 일어나, 마음대로 세금을 부과하고 그 지역을 통치하면서 외국 세력과 위탁하거나 농민들을 착취했기에 국민의 고통은 말할 수 없이 컸다.

　이때 일본에 있던 쑨원이 다시 중국으로 돌아와 국민당 정부를 수립했다. 이러한 때에 공산주의가 들어오게 되어 중국은 국민당과 공산당으로 나누어진다. 쑨원은 1924년에 갈라진 두 세력을 규합하는 국공합작(국민당과 공산당이 합치는 것을 말함)을 한다. 그런데 1925년에 쑨원이 갑자기 사망한다. 소련이 중국 공산당과 합작하는 조건으로 군사·경제적으로 지원을 받아 북벌(중국의 군벌을 타도하는 것)을 추진하지만, 1926년 중산함 사건을 계기로 장제스가 국민당을 장악하고 북벌 전쟁을 지휘하여 승리로 이끈 뒤, 쑨원의 후계자라면서 국민정부의 최고 권력을 차지한다.

장제스의 난징정부 시대(1928~49)가 시작된 것이다. 권력을 잡은 장제스는 자신의 반대세력을 축출하기 시작했다. 즉, 북벌군을 감축하고, 공산당을 국민당에서 몰아냈다(제1차 국공합작 결렬).

이로써 국민당의 장제스와 공산당의 마오쩌둥은 충돌하게 된다. 그러던 중 1931년의 만주 사변, 1937년의 중일전쟁이 벌어지면서 중국에서는 중국인들끼리의 싸움은 그만두고 항일투쟁을 하자는 여론이 높아졌다. 그런데도 장제스는 공산당을 토벌했고, 이를 피해 마오쩌둥이 이끄는 공산당은 1년여의 기간 동안 엄청난 고난과 시련을 겪으며 '대장정'을 하며 민심을 얻었다.

1936년 12월, 공산당을 토벌하기 위해 주둔하던 장쉐량이, 국공내전을 그만두고 거국적으로 항일투쟁을 해야 한다며 장제스를 감금하는 시안 사건이 발생했다. 이로써 제2차 국공합작이 이루어졌고, 항일민족전선이 결성되었다. 이로 인해 공산당은 기사회생했고, 세력이 급성장했다. 일본의 항복 후 두 세력이 4년여 기간 동안 전쟁을 벌이다가 부패한 국민당은 대만으로 철수했다. 1949년 10월, 마오쩌둥이 중화인민공화국을 수립했다.

시찰 인물이었고, 윈난항공학교에 다닐 때에는 일제가 한국 청년들까지 매수해 암살하려 했던 인물이었을 정도로 기옥은 중요한 인물이었다.

그러나 기옥은 한국인이면서, 동시에 중국 군인이자 중국 유일의 여성 비행사였다. 기옥을 위해 중국 정부가 나섰다. 기옥과 상정은 난징의 일본영사관에서 40일 동안 감금되어 조사를 받다가 장제스 주석의 최측근이 신원을 보증하자 풀려났다. 그 뒤 1928년 5월에 기옥은 난징항공대에 복직했다.

비행기 안에서 기총소사를 하다

1931년 9월 18일, 만주 사변이 일어났다. 일본군이 펑톈 외곽에 있는 만철(남만주철도주식회사의 약칭으로, 일본의 철도회사) 선로를 자기네가 폭파해 놓고 중국이 폭파했다고 트집을 잡아 북만주를 점령해 버린 것이다. 그런데도 국민당의 장제스는 일본과 싸우기보다는 공산당을 토벌하는 데에만 열중했다.

1932년 1월 28일에는 일본이 상하이 사변을 일으키고, 일본 국민을 보호한다는 명목으로 일본 해군 육전대를 상하이에 상륙시켰다. 상하이는 일본의 만주 점령에 항의하는 사람들이 많아 배일 운동의 중심지였고, 난징 가까이에 있었기 때문에 중국 정부의 장제스는 이번에는 일본과 결사항쟁을 결의하고 군대를 투입했다. 일본군은 비행기 함정 80정, 항공모함 2대, 비행기 300대가 있었다. 이에 비해 중국이 보유한 비행기는 고작 32대였다. 그나마 구식 비행기였고, 비행 조종사마저 실전 경험이 별로 없었다. 하늘에서 비행기로 치르는 싸움인데 장비에서 중국은 이미 지고 있었다.

첫 공중전이 있던 2월 5일, 난징에서 중국 전투기 9대가 일본군 폭격기 3대와 결전을 벌이다 일본기 1대를 추락시켰다. 그러나 중국 비행대 부대장이 기체 고장으로 추락해 사망했다. 난징항공대에 복직한 기옥도 2월 9일에 정찰기를 몰고 출동했다. 기옥의 정찰기는 일본 비행기와 마주치지 않고 상하이에 있는 홍차오루 비행장에 무사히 착륙했다.

기옥이 조종하는 정찰기에서는 기총소사를 할 수 있었다. 기총소사란 항공기에서 땅 위의 표적을 기관총으로 쏘는 것을 말한다. 기총소사를 하려면 비행기를 낮게 조종해야 한다. 땅 위에 있는 일본군

을 최대한 가까이서 쏠 수 있다는 장점이 있지만, 그만큼 또 위험 부담이 컸다. 땅 위에 있는 일본군이 기관포나 대공포로 쏘아 비행기를 맞혀 추락시킬 수 있는 확률 또한 높았기 때문이다.

그러나 기옥에게 이런 위험 따위는 문제가 되지 않았다. 이런 날이 오기를 기다렸던 지난날들만 생각했다. 오로지 일본군을 무찌르기 위해서 준비했던 많은 순간들을 떠올렸다. 일본군을 이기기 위해서라면 이미 어떠한 위험이라도 무릅쓸 각오가 된 기옥이었다. 기옥은 낮게 비행하며 기총소사를 했다. 한 번만 한 것이 아니라 하루에도 서너 번씩 총을 쏘았다. 조종석에서는 기총소사에 혼비백산하여 달아나는 일본군이 보였다. 나라를 빼앗긴 뒤 일본에 무자비하게 당한 조선 동포들이 생각나, 기옥은 낮게, 더 낮게 날며 일본군에 총탄을 퍼부었다.

그러다 한번은 일본군이 쏘아 올린 대공포 파편이 비행기 날개에 맞았다. 이때 기옥도 부상을 당했다. 더 이상 기총소사는커녕 항공기지로 되돌아가는 것도 불가능했다. 비상사태였다. 기옥이 선택할 수 있는 방법은 어디엔가 불시착하는 일뿐이었다. 그렇다고 아무 데나 비행기를 착륙시킬 수 없었다. 비행기가 일본군 진영으로 떨어지면 체포되어 죽는 것은 불을 보듯 뻔한 일이었다.

　　기옥은 버틸 수 있는 힘껏 최대한 멀리 날았다. 다행히 일본군 진영을 벗어나 어느 들판에 착륙했다. 상처를 입은 기옥은 마차를 타고 부대로 돌아왔고, 비행기 정비사와 사병들이 불시착한 비행기를 분해해서 실어 왔다. 기옥은 팔에 박힌 파편을 빼내고, 상처 부위를 한동안 치료받아야 했다.

　　기옥은 다친 부위가 다 아물지 않은 상태에서도 또다시 비행기를 몰고 나가 일본군과 싸우려 했다. 그러나 항공대는 기옥에게 출격 금지 명령을 내렸다. 미국, 영국, 프랑스 등이 중국과 일본 두 나라에 전쟁을 중지하라는 압력을 넣었기 때문이다. 당시 상하이는 세계 열강들의 조차지였다. 조차지란 한 나라가 다른 나라로부터 빌려 통치하는 영토로, 영토권은 빌려준 나라에 있으나 통치권은 빌린 나라에 있다.

　　이를 받아들인 중국과 일본은 전쟁을 멈추겠다는 정전협상을 시작했다. 결국 일본은 상하이를 중국에 내주고, 중국은 만주를 일본에 내주는 것으로 정전협정을 맺었다. 상하이 전쟁을 일으켰던 일본은 사실 그사이에 청나라 마지막 황제 푸이를 내세워 이미 만주국을 세웠다. 중국이 승리하면 조선도 해방될 수 있으리라 믿었던 기옥은 중국과 일본 사이에 정전협정이 맺어지자 크게 실망했다.

기옥은 상하이 전투에서 펼친 활약상으로 중국으로부터 무공훈장을 받았다.

4. 선전 비행을 준비하다

기옥은 장제스의 부인 쑹메이링을 만났다. 상하이 전쟁에서 공군의 중요성을 깨달은 쑹메이링이 기옥에게 도움을 요청한 것이다. 기옥이 여성 비행사로 멋지게 비행하는 모습을 중국 청년들에게 보여 주면 좋겠다는 제안을 했다. 당시 중국 청년들은 비행사에 지원하는 것을 두려워했기 때문이다.

기옥은 열일곱 살 때 미국인 비행사의 곡예비행을 보았던 기억이 났다. 자신의 비행이 다른 사람에게 꿈이 될 수도 있다고 생각하니 가슴이 뛰었다. "선전 비행은 조국 독립과 함께 제게도 평생의 꿈입니다." 기옥은 제안을 기꺼이 받아들여 선전 비행을 하기로 했다.

이로써 비행기를 몰고 일본에 갈 수 있는 기회가 생겼다. 조선총독부를 폭파하고 일본 왕국을 폭파하겠다는 자신의 계획을 실행할 수 있는 기회가 온 것이다.

윤봉길 의사, 일본의 간담을 서늘하게 하다

중국과 일본 사이에 정전협상이 진행되자 특별히 할 일이 없던 기옥에게 임시정부 내 항일 무장투쟁 단체인 한인애국단 단장 김구가 편지를 보내왔다. 성능이 좋은 폭탄을 구해 달라는 내용이었다. 당시 임시정부는 한국과 중국의 결속을 강화하고 독립운동에 활력을 불어넣기 위해 의열투쟁을 벌이고 있었다. 기옥과 상정은 폭탄을 구하기 위해 이리저리 알아보았다. 드디어 중국군 장쯔지안 장군을 통해 상하이 병기창 주임 김홍일이 성능 좋은 폭탄을 제조한다는 사실을 알아내고는 폭탄을 마련했다.

1932년 4월 29일, 기옥과 상정은 긴장한 마음으로 소식을 기다렸다. 이날은 중국과 일본의 휴전협정 조인식과 일본 왕의 생일을 기념하는 천장절이 열리는 날이었다. 두 가지 행사를 크게 치름으로써 일본은 자신의 위세를 자랑하려 했다. 오후에 길거리에서 "호외요, 호외!"라는 외침이 넘쳐났다. 상정은 얼른 나가서 신문을 사서 들어왔다.

신문에는 "천장절 축하식 중에 큰 불상사 발생"이라는 기사가

대문짝만하게 실려 있었다. 윤봉길 의거 기사였다. 기옥과 상정은 자신들이 도운 일이 성공한 것을 알고는 기뻐했다.

윤봉길은 국민이 무식하면 나라가 망한다고 생각하여 농촌계몽 운동에 힘써 왔다. 그러나 교육으로 독립운동을 하면 시간이 오래 걸릴 것 같아 직접 현장에서 독립운동을 하려고 상하이로 왔다. 이보다 앞선 1932년 1월 8일에는 한인애국단의 이봉창이 도쿄에서 일왕 히로히토에게 폭탄을 던졌지만 실패한 일이 있었다. 이를 보고 항상 일제를 향한 적개심으로 불타오르던 윤봉길은 임시정부 지도자 백범 김구를 만나 광복을 위해 몸과 목숨을 바치기로 맹세했다.

1932년, 상하이 사변(상하이 전쟁)으로 일본의 야욕이 구체적으로 드러나자 김구는 애국단원을 투입해 상하이에 있는 일제의 군기 창고를 폭파하려는 계획을 세웠다. 그러나 폭탄 제조 작업이 늦어지고, 일본과 중국이 정전협정을 체결하면서 실행하지 못했다.

그러다가 일왕 히로히토의 생일인 천장절(1932년 4월 29일)에 일제가 홍커우공원에서 전승축하 기념식을 한다는 소식을 신문에서 본 임시정부는 다시 한번 폭탄 투척 거사를 결정했다. 4월 26일, 윤봉길이 "나는 적성(赤誠: 마음에서 우러나오는 참된 정성)으로써 조국의 독립과 자유를 회복하기 위하여 한인애국단의 일원이 되어 중국을 침략하는 적의 장교를 도륙하기로 맹세하나이다"라는 선서문을 쓰고 자원했다.

행사가 열리기 전인 27일과 28일에는 홍커우공원을 미리 가 보면서 계획을 치밀하게 짰다. 29일이 되자 윤봉길은 김구 선생과 아침 식사를 하면서 자신의 시계는 앞으로 한 시간밖에 쓸 수가 없으니 김구 선생의 헌 시계와 바꾸어 차자고 했다. 김구 선생은 윤봉길의 새 시계를 받아 들고, 마지막으로 목멘 소리로 "후일 지하에서 만납시다"라고 말했다. 그 말에 윤봉길은 머리를 숙였다. 윤봉길은 김홍일이 준비한 폭탄을 들고 행사가 열릴 홍커우공원으로 갔다.

홍커우공원에는 사람들이 엄청나게 몰려들었다. 일본 경찰은 삼엄한 경비를 펼쳤지만, 양복과 스프링코트 차림에 중절모를 쓴 윤봉길은 경비망을 뚫고 단상 가까이까지 다가갔다. 잠시 뒤 단상 위에 중국 주둔 일본군 총사령관 시라카와 대장, 해군 총사령관 노무라 중장과 우에다 중장, 주중공사 시게미쓰, 일본거류민단장 카와바다, 상하이 총영사 무라이 등이 늘어서면서 식이 시작되었다. 무라이 총영사의 축사에 이어 일본 국가 기미가요가 끝나는 순간, 윤봉길은 수통

형 폭탄을 단상 위로 힘껏 던졌다.

'꽝!' 소리와 함께 거센 불꽃이 튀면서 폭탄은 노무라와 시게미쓰의 눈앞에서 폭발했다. 시라카와 대장과 카와바다는 그 자리에서 죽고, 노무라 중장은 한쪽 눈을 잃었다. 우에다 중장과 시게미쓰 공사, 무라이 총영사, 토모노 거류민단 서기장 등은 중상을 입었다. 윤봉길은 거사 직후 체포되어 5월 25일 상하이 파견군 사령부 군법회의 예심에서 사형선고를 받았다.

중국인들은 한국인들의 빛나는 투쟁 성과에 박수갈채를 보냈다. 특히 국민당 정부의 장제스는 "중국의 백만 대군도 못 한 일을 일개 조선 청년이 해냈다"라며 극찬했다. 그때부터 중국은 임시정부의 독립운동을 적극 성원하면서 중국육군중앙군관학교에 한인특별반을 설치하기도 했다. 윤봉길 의거를 보고 중국인들이 한국인들에게 호감을 갖게 된 것이다. 이로써 한국과 중국이 힘을 합쳐 일본을 물리쳐야 한다는 분위기가 만들어졌다.

그렇지만 윤봉길 의사의 의거로 바짝 긴장한 일제 당국은 독립운동가들 체포에 혈안이 되었다. 상하이 주재 일본 총영사관 역시 임시정부가 있던 프랑스 조계를 압박해 독립운동가 검거에 나섰다. 김구와 임시정부는 항저우로 피해 화를 면했으나, 안창호가 체포돼 서울로 압송되는 등 조선인들은 시련을 겪었다. 이러한 상황이 되자 기옥과 상정은 몸을 좀 더 조심해야겠다고 생각했다.

1931년의 만주 사변 당시 중국의 마잔산 부대는 일본군과 치열하게 전투를 했다. 마잔산 부대는 퇴각하다 소련으로 들어갔는데, 소련은 마잔산 부대를 붙잡아 억류했다. 마잔산 부대에는 만주에서 일본군과 싸우던 이범석을 비롯하여 한국 독립군들도 있었다. 중국군 장교들이 소련에 억류된 마잔산 부대를 본국으로 데려오는 협상을 하러 시베리아 횡단열차를 타고 서시베리아 평원에 있는 톰스크로 갔다. 이 자리에 상정도 함께 갔다. 상정이 중국어, 영어는 물론 일본어를 모두 잘했기 때문에 통역으로 간 것이었다. 다행히 중국과 소련의 협상이 잘 되어서 1933년에 포로들은 무사히 송환되고 사병들도 모두 풀려났다.

협상이 끝난 뒤 이범석과 상정을 포함하여 마잔산 부대 장군과 장교들은 1차 세계대전 후 변화한 소련과 유럽을 시찰하기로 했다. 기차를 타고 모스크바로 갔다가, 폴란드를 거쳐 독일로 갔다. 그곳

현지 상황을 파악하기 위해서였다. 당시 독일은 민주주의 선거로 등장한 히틀러가 독일을 나치즘으로 물들이던 시기였다. 그다음에 이탈리아로 갔는데, 이곳 역시 파시스트인 무솔리니가 지배하고 있었다. 독일과 이탈리아 두 나라에서는 전체주의가 일어나고 있었는데, 이것이 곧 세계를 뒤흔들고 세계사 흐름을 크게 바꾸어 놓는다. 전체주의로 들끓는 유럽의 현실을 직접 목격한 상정은 다시 시베리아 횡단철도를 타고 베이징으로 돌아왔다.

유럽 시찰 여행에서 상정은 휘황찬란한 유럽의 물질문명을 보았다. 그러나 상정의 가슴엔 기차에서 본 차창 밖 모습이 더 가슴에 남았다. 소련의 강제이주정책에 따라 중앙아시아 들판에서 농사를 짓는 한국인 동포, 카레이스키들의 모습을 보며 나라 잃은 설움은 더욱 북받쳤다. 여행이 끝나고 집에 돌아온 상정은 동포들의 모습을 기옥에게 이야기하며 독립의 의지를 더욱 다졌다.

기옥, 선전 비행을 준비하다

1933년부터 기옥은 중국 항저우에 있는 항저우항공대에서 비행사이자 비행교관으로 지냈다. 기옥이 항저우로 간 탓에 상정은 항저우와 난징을 오가며 생활했다. 상정은 난징에서 난징한족연합회를 조직했다. 또한 의열단 조선혁명정치군사 간부학교 일도 도왔다.

1934년, 기옥은 1922년에 있었던 안창남의 비행을 보고 비행사가 된 윤공흠을 만났다. 당시 조선에는 "떴다 보아라 안창남 비행기. 내려다 보아라 엄복동 자전거"라는 가사의 노래가 유행할 정도였다. 윤공흠은 1930년에 안창남이 비행기 추락으로 사망하자, 안창남이 이루려 했던 뜻을 이어 가리라 결심했다.

안창남은 1928년 중국 산시성 타이위안에서 신덕영, 최양옥 등과 함께 '대한독립공명단'이라는 한인 독립운동 단체를 조직했다. 안창남은 독립군 비행사관학교를 설립하고, 비행기를 구입할 자금을 확보하기 위해 조선에 있는 일본은행의 현금 수송 차량을 습격하려는 계획에 참여했다. 1929년이었다. 차량은 탈취했지만 안타깝게도 현금 수송차에는 현금이 없어 뜻을 이루지 못했다. 대한독립공명단은 1930년대 초에 와해되었다. 그러나 독립운동이 힘들었던 1920년대 중반에 포기하지 않고 군자금을 마련하여 항일투쟁 독립운동을 펼치려 했다는 점에서 대한독립공명단의 의미가 크다.

알아두면 좋은 역사 상식

연해주에서 중앙아시아로의 강제 이주, 카레이스키

러시아 동남쪽 끝에 있는 연해주는 1860년 이후에는 러시아 땅이었다. 19세기 말까지 황무지였기에 우리나라 사람들이 두만강을 건너가 봄이면 씨를 뿌리고 가을이면 수확하면서 농사를 지었다. 점차 연해주로 이주하여 그곳에서 살면서 농사를 지으며 살아가는 우리나라 사람들이 늘었다. 그곳으로 이주한 사람들은 그야말로 피와 땀으로 농사를 지었다. 이후 한인들은 농업 분야뿐만 아니라 여러 분야에서 두각을 나타내며 러시아를 이끄는 민족으로 부상했다. 러시아에서는 이런 한인들을 '카레이스키'라 부르며 우호적으로 대우했다.

그러나 러시아 혁명으로 등장한 소련은, 1921년에는 자유시 참변(1921년 대한독립군단과 이르쿠츠크파 공산당이 시베리아 지역에서의 주도권을 둘러싸고 벌인 싸움이다. 대한독립군단이 이르쿠츠크파 공산당과 러시아 동맹군에게 무장 해제를 당했으며, 그로 인해 한국 사람들이 많이 죽었다)으로 한국인들을 많이 죽였으며, 1937년에는 스탈린의 지시로 한인들을 중앙아시아로 강제로 이주시켰다.

당시 스탈린은 강제로 이주시키기 전에 한인들의 지도급 인사들을 일제의 스파이라는 명목으로 제거했는데, 당시 희생된 한인들의 수는 2,500여 명에 이르렀다.

화물열차에 짐짝처럼 실려 강제로 이주하던 중에 한인들은 극심한 굶주림과 추위에 시달려야 했으며, 5명 중 1명꼴로 죽었다. 강제 이주를 당한 이듬해에는 한인 7천여 명, 이듬해에는 4,800여 명이 사망하는 등 이루 말할 수 없는 고통을 겪었다.

그러나 한인들은 포기하지 않고 조상에게서 배운 농업기술을 있는 힘껏 발휘했다. 사막 같은 황무지에서 벼농사에 성공했으며, 지금은 소수민족으로 자리를 잡으며 살아가고 있다. 현재 우즈베키스탄, 카자흐스탄 등의 중앙아시아에는 한인 30여만 명이 러시아 소수민족으로 살고 있다. 이들이 먼 이국땅에 흩어져 살게 된 것은 우리의 비극적인 역사가 만들어 낸 아픔의 증거이다.

이에 윤공흠과 의열단은 독립군 비행대를 창설하겠다고 계획했다. 비행기를 구입해서 만주와 국경 지방에 삐라(전단지) 같은 선전물을 뿌리고 무기를 운반하기 위해서였다. 이러한 계획에 찬성하여 기옥도 돈을 기꺼이 내놓았으며, 전쟁에서 직접 겪은 경험을 이야기해 주는 등 비행대를 창설하는 데 많은 도움을 주었다.

비행기를 사기 위해 조선으로 들어간 윤공흠은 우여곡절 끝에 드디어 일본 체신국에서 비행기 기종을 허가받고 교섭을 벌였다. 그러나 이 계획은 안타깝게도 허무하게 끝나 버렸다. 한 달 만에 계획이 탄로 나 윤공흠이 일본에 체포되었기 때문이다.

1935년, 기옥은 중국의 항공위원회 부위원장인 쑹메이링(장제스의 부인)을 만났다. 상하이 전쟁에서 공군의 중요성을 깨달은 쑹메이링은 공군 건설에 힘쓰고 있었다. 쑹메이링은 경험이 많은 기옥에게 도움을 요청했다. 중국 청년들은 두려움이 많아 비행기를 타면 죽는다면서 공군에 자원하지 않는다고 했다. 기옥이 여성 비행사로서 멋지게 비행기를 조종하는 모습을 중국 청년들에게 보여 주면 어떻겠냐고 쑹메이링이 제안했다. 선전 비행을 부탁한 것이었다.

기옥은 열일곱 살 때 평양에서 미국인 비행사 아트 스미스의 곡예비행을 보고 비행사의 꿈을 키우던 것이 생각났다. 기옥이 멋지게 비행기 조종하는 모습을 중국 청년들이 보면, 중국 청년들도 비행사에 관심을 갖게 될 것이라는 데 생각이 미쳤다. 자신도 누군가의 꿈이 될 것이라 생각하니 가슴이 벅차올랐다.

"선전 비행은 조국 독립과 함께 제게도 평생의 꿈입니다."

기옥은 흔쾌히 선전 비행 제안을 받아들였다.

선전 비행 준비는 상하이에서 진행되고 있었다. 선전 비행용 비행기를 살 비용을 마련하는 모금 운동이 시작되었다. 상하이 시장은 미국에 장거리 비행용 비행기를 주문했다. 재미 중국교포 이월화도 기옥과 함께 선전 비행을 하기로 했고, 비행을 도와줄 이탈리아 비행교관도 초빙되었다.

선전 비행은 세 번 하기로 했다. 한 번은 상하이와 베이징을 오가는 것이고, 또 한 번은 상하이와 광둥을 오가는 비행이었고, 나머지 한 번은 싱가포르와 필리핀을 거쳐 일본 도쿄까지 가기로 되어 있었다. 일본에 가서는 몰고 갔던 비행기를 일본에 주고 온다고 했다. 기옥은 그 비싼 비행기를 일본에 주고 오는 게 싫었다. 그리고 일본 가는 길에 조선은 왜 들르지 않는지 실망스러웠다.

그러나 실망도 잠시였다. 갑자기 희망이 비치기 시작했다. 기옥은 비행기를 타고 일본에 갈 수 있는 기회가 생겼음을 알았다. 비행기를 몰고 조선총독부를 폭파하고 일본 왕궁을 폭격하겠다는 자신의 꿈을 실행시킬 수 있는 절호의 기회가 온 것이다. 기옥은 기뻤다. 신이 나서 비행 훈련에 더욱더 열심히 몰두했다.

일본으로 가서 일본 왕궁을 폭파하려는 기옥의 계획을 들은 상정은 걱정이 많았다. 매우 어려운 일인 데다가, 그야말로 죽을지도 모르는 일이기 때문이었다. 그러나 기옥은 일본을 공격할 수만 있다면 목숨쯤이야 아무것도 아니라고 생각했다.

미국에 주문했던 비행기가 석 달 만에 도착했다. 기옥의 꿈이 한 발짝 더 가까워졌다. 그런데 사고가 일어났다. 비행기 동체를 조립한 뒤 미국인 비행사가 시험 비행을 하다가 그만 프로펠러를 부러뜨린 것이다. 그 때문에 선전 비행 날짜는 어쩔 수 없이 연기되었다. 부러진 프로펠러를 고치는 데만 보름이 걸렸다.

드디어 6월 하순, 선전 비행을 하기로 한 날이 왔다. 기옥은 동료 이월화와 비행복을 멋지게 차려입고 당당하게 비행장의 활주로를 걸어갔다. 두 사람이 각자 비행기에 올라타려던 순간, 뜻밖의 명령이 내려졌다. 비행기 출발을 연기하라는 명령이었다. 기옥은 자신의 귀를 의심했다. 그토록 기다렸던 비행이었건만 또다시 눈앞에서 기회를 놓친 것이다. 아쉬움의 눈물을 삼켰다. 기옥은 절로 고개가 숙여졌다.

비행기 출발이 연기된 이유는 일본군이 베이징 근처 펑타이를 점령하자, 베이징대학 학생들이 중국 정부에 공산당과 벌이는 내전을 중지하고 일본군과 싸우라는 항일시위를 벌였기 때문이다. 일본군과 싸우는 것보다 공산당과 싸우는 데 열중하는 중국 정부에 항의하는 시위였다. 베이징에 비상사태가 발생한 것이다. 연기되었던 선전 비행은 결국 취소되고 말았다.

10년간 총 1,300시간을 비행하다

기옥이 상하이에서 선전 비행을 준비하는 동안, 항공위원회는 항저우에서 난창으로 이동했다. 기옥도 난창의 항공위원회로 돌아왔으나 기옥에게 배정된 일은 난창의 공군도서관 업무였다. 직접 비행기 조종을 하게 해 달라고 강력하게 요청했으나 받아들여지지 않았다.

기옥은 자신의 삶을 되돌아보며 생각을 정리했다. 일본과 싸우려 했지만, 지금의 상황은 독립운동은커녕 잘못하다가는 중국 내에서 벌어지는 중국 정부와 공산당의 싸움에 휘말려 죽을지도 모른다는 생각마저 들었다. 독립운동의 방법으로 비행사의 꿈을 꾸고, 쉬

지 않는 노력으로 비행사가 되고, 비행사가 되어 일본을 쳐부술 생각만 해 온 19년의 시간을 정리하겠다는 결론을 내렸다. 기옥은 마침내 1935년 8월 비행사를 그만두었다. 총 비행시간 1,300시간이라는 기록을 남기고 10년간 입었던 비행사복을 벗었다.

활동적으로 일했던 기옥은 도서관에서 조용히 일하며 지내자니 헛헛한 마음이 들었다. 그렇게 1년여를 지내던 1936년 여름 어느 날, 기옥과 상정은 느닷없이 헌병들에게 붙잡혀 갔다. 그러고는 기옥과 상정은 감옥에 따로따로 갇혔다. 감옥에 갇힌 이유라도 알려고 이리저리 알아봤지만, 도대체 알 수가 없었다. 군법처 감옥에서 여러 달 갇혀 있다가 다시 이동하여 항공위원회로, 다시 난징의 헌병사령부로 옮겨 가며 감옥살이를 했다.

기옥과 상정이 다시 만난 것은 붙잡혀 감옥에 갇힌 지 여덟 달이 지난 어느 날이었다. 그것도 감옥 안에서 서로 운동하러 나갔다가 우연히 만났다. 상정은 자신이 알아낸 사실을 기옥에게 알려 주었다. 중국 군인이었던 기옥이 군사 기밀을 빼돌렸고, 그 군사 기밀을 상정이 일본에 팔아넘겼다는 스파이 혐의로 잡혀 왔다고 했다. 두 사람은 억울했지만, 감옥 안에 있으니 어쩔 도리가 없었다.

해를 넘겨 1937년 중국 명절 춘절(설날)이 지난 뒤, 남의사의 우두머리 타이리가 상정을 불렀다. 남의사는 중국 국민당 산하의 비밀 정보기관으로, 중화민국의 정보기관이자 준군사조직이었다. 정식 이름은 삼민주의역행사라고 하는데, 국민당 군이 남색 제복을 입고 있어서 남의사(Blue Shirts Society, BSS)라고 불렸다. 남의사는 중국 국민당과 장제스를 반대하는 세력을 잔인하고 과격하게 탄압해서 사람들에게 공포와 혐오의 대상이었다.

남의사의 특무처를 담당해 온 타이리는 감옥에 있는 사람을 직접 심문하는 경우가 없었는데, 이례적으로 상정을 직접 심문했다. 상정에게는 자신이 살아온 이야기를 차분하게 나눌 기회였다. 동아시아와 유럽과 미국 등의 세계 정세에 대해서 분석하는 등 상정은 평소 자신의 생각을 타이리에게 말했다.

상정의 이야기를 귀담아듣던 타이리는 상정의 경륜과 포부, 그리고 지식에 탄복했다. 그러면서 임시정부 쪽에서 기옥과 상정 두 사람에 대한 밀고가 들어와 가두어 두었다면서 보석을 조건으로 기옥과 상정을 풀어 주겠다고 했다. 두 사람은 죄도 없이 갇혔으니 보석에 응할 수 없다고 버텼다. 그러자 황푸군관학교 졸업생이자 의열단원이고 조선민족혁명당의 중앙감사위원이기도 한 장흥이 보석 서류에 두 사람 대신 서명을 했다. 기옥과 상정은 그제야 자유를 되찾았다.

지금은 남의 땅, 빼앗긴 들에도 봄은 오는가

감옥에서 풀려나 집에서 지내고 있는데, 상정의 동생 이상화가 두 사람을 만나러 왔다. 상정이 감옥에 갇혔다는 소식을 들은 어머니의 걱정을 안고 동생이 눈으로 직접 보러 왔다고 했다.

이상화는 잡지 《개벽(開闢)》 1926년 6월호에 <지금은 남의 땅, 빼앗긴 들에도 봄은 오는가>라는 시를 발표한 시인이었다. 뜨거운 열정과 날카로운 현실감각이 잘 나타나 있는 이 시는 일제 강점기에 발표한 대표적인 저항시다. 이 시를 비롯하여 일본에 저항하는 시를 많이 쓴 이상화는 일본의 감시 때문에 마음대로 여행할 수가 없었다. 이때는 둘째 아우 이상백이 주선한 일본체육회장의 소개장 덕분에 난징까지 찾아올 수 있었다.

두 형제는 시도 쓰고 그림도 그리며 그동안 만나지 못한 아쉬움을 달랬다. 조선에 돌아가서 어머니에게 아들 상정이 무사히 잘 지내고 있다는 사실을 보여 줄 사진도 찍었다. 상정은 동생을 배웅하러 함께 베이징으로 가서는 중국의 명승지인 명십삼릉과 이화원, 그리고 자금성을 둘러보았다. 베이징에는 일본 밀정들이 득시글거렸다.

이상화 혼자 보내는 건 위험하다는 판단이 들어 두 사람은 다시 난징으로 돌아왔다. 이상화는 중국의 여러 명승고적을 돌아보면서 시인의 감성으로 많은 것을 느꼈다.

　　이상화가 집으로 돌아갈 시간이 왔다. 마지막 날 이상화는 상정과 기옥에게《개벽》에 실었던 시 〈지금은 남의 땅, 빼앗긴 들에도 봄은 오는가〉를 들려주었다.

　　지금은 남의 땅, 빼앗긴 들에도 봄은 오는가

　　나는 온몸에 햇살을 받고
　　푸른 하늘 푸른 들이 맞붙은 곳으로
　　가르마 같은 논길을 따라 꿈속을 가듯 걸어만 간다.

　　입술을 다문 하늘아 들아
　　내 맘에는 내 혼자 온 것 같지를 않구나
　　네가 끌었느냐 누가 부르더냐 답답워라 말을 해다오.
　　바람은 내 귀에 속삭이며

한 자욱도 섰지 마라 옷자락을 흔들고

종다리는 울타리 너머 아가씨같이 구름 뒤에서 반갑다 웃네.

고맙게 잘 자란 보리밭아

간밤 자정이 넘어 내리던 고운 비로

너는 삼단 같은 머리털을 감았구나 내 머리조차 가쁜하다.

혼자라도 가쁘게나 가자

마른 논을 안고 도는 착한 도랑이

젖먹이 달래는 노래를 하고 제 혼자 어깨춤만 추고 가네.

나비 제비야 깝치지 마라

맨드라미 들마꽃에도 인사를 해야지

아주까리 기름을 바른 이가 지심매던 그 들이라도 보고 싶다.

내 손에 호미를 쥐어다오

살찐 젖가슴과 같은 부드러운 이 흙을

발목이 시도록 밟아도 보고 좋은 땀조차 흘리고 싶다.

강가에 나온 아이와 같이

짬도 모르고 끝도 없이 닫는 내 혼아

무엇을 찾느냐 어디로 가느냐 우스웁다 답을 하려무나.

나는 온몸에 풋내를 띠고

푸른 웃음 푸른 설움이 어우러진 사이로

다리를 절며 하루를 걷는다 아마도 봄 신명이 지폈나보다.

그러나 지금은 들을 빼앗겨 봄조차 빼앗기겠네.

〈지금은 남의 땅, 빼앗긴 들에도 봄은 오는가〉는 민족의 현실을 '빼앗긴 들'로 표현하여, 국토는 일본에 **빼앗겼을**망정 우리의 민족혼을 불러일으킬 '봄'은 빼앗길 수 없다는 것을 강렬하게 드러내고 있다.

이상화가 직접 읊어 주는 시를 듣고 나니 상정은 고향과 가족이 생각났다. 이상화는 기옥에게 시를 선물했고, 기옥은 이상화에게 비행사복을 선물했다. 한국을 떠나 가족과 떨어져 힘들게 지낸 두 사람에게 이상화의 방문은 큰 힘이 되고 위로가 되었다. 한국에서 암울하게 지내던 이상화에게도 새로운 희망을 준 여행이었다.

그러나 안타깝게도 이것은 두 형제의 마지막 만남이었다. 이상화는 1937년 6월 한국으로 돌아갔는데, 집으로 돌아가자마자 중국에서 상정을 만났다는 이유로 일본 경찰에 끌려가 감옥에 갇혀 온갖 고초를 겪었다. 11월 말경에 다행히 무혐의로 석방되었고, 대구 교남학교에서 교사 생활을 하며 독서와 연구에 몰두했다. 그러다가 끝내 조국의 해방을 보지 못하고, 1943년 4월에 위암으로 숨을 거두었다. 조선의 대표적인 저항시인이자 민족시인이었던 이상화는 그렇게 세상을 떠났다.

중일전쟁과 난징 대학살

일본은 항상 아시아를 지배하려는 야욕을 품고 계속 전쟁을 일으켜 왔다. 1905년 러일전쟁에서 승리한 일본은 만주로 진출하면서 야욕을 드러내기 시작했다. 1928년에 난징국민정부가 성립되면서 아시아 패권을 쥐려는 야욕을 노골적으로 드러냈다. 1931년에는 만주 사변을 일으켰고, 1932년 상하이 사변을 일으켰다. 1937년 7월 7일에는 루거우차오(蘆溝橋) 부근에서 일본군 사병이 실종되었다는 구실로 중국군을 공격했다. 이는 일본의 조작극이었다. 이것이 중일전쟁의 발단이 되었다.

1937년에 일본군은 베이징을 공격했다. 그러자 중국 정부는 일본과 싸우겠다고 결정하고 공산당과 2차 국공합작을 했다. 일본군은 8월 13일 상하이를 공격한 데 이어 난징, 우한 등을 공격했다. 11월에는 상하이가 일본군에게 완전히 점령되었다.

난징시 외곽 화평문 밖으로 피란을 했던 기옥과 상정은 11월 24일 조선민족혁명당 동지들과 다시 피란길에 나섰다. 중국 정부의 도움으로 배 일곱 척을 타고 총지휘관 약산 김원봉의 지휘로 양쯔강을 거슬러 올라가 주장에 도착했다. 주장에서 다시 김원봉 등 조선민족혁명당 수뇌부와 증기선을 타고 우한으로 갔다. 우한에서는 조선민족혁명당, 조선민족해방운동자동맹, 아나키스트 단체인 조선혁명자연맹 등이 연합한 조선민족전선연맹 창립식이 열렸다.

12월 13일에는 난징이 함락되었다. 그때 일본군은 난징의 민간인 30여만 명을 학살했다. 난징 대학살이었다. 아무런 죄도 없는 민간인을 법적인 절차도 없이 마구 죽인 것이다. 난징 대학살은 이듬해 2월까지 계속되었다. 그 뒤에도 일본군은 생체 실험을 하는 등 중국인들을 가혹하게 통제했다.

중국은 쿤밍에서 항공학교들을 통합하여 쿤밍의 공군군관학교로 재편성하려 했다. 12월 중순, 쿤밍을 잘 아는 기옥에게 이 일이 맡겨졌다. 1938년, 기옥의 노력으로 쿤밍 공군군관학교는 제대로 면모를 갖추어 나가기 시작했다.

기옥이 맡았던 쿤밍 공군군관학교 업무가 마무리될 즈음 상정은 충칭에 있는 육군참모대학 교수로 임명되었다. 중국군 대령 직급이었다. 기옥도 상정처럼 육군참모대학 교수로 일해 달라는 제안을 받았지만, 기옥은 더 이상 중국 군인이 되고 싶지 않았다. 그래서 민간인 신분으로 육군참모대학 교수직을 맡았다. 기옥은 영어와 일어, 일본인 식별법, 일본인 성격 등 일본에 관한 내용을 교재로 직접 만들어 가르쳤다.

독립운동과 부인회 활동

한국 독립운동 세력이 충칭에 집결했던 1940년대에 상정은 임시정부에서 적극적으로 활동했다. 1942년 12월이 되자 통합임시정부가 출범하고 독립운동 세력이 집결하면서 독립운동에도 활기를 띠기 시작했다. 상정은 임시정부 외무부 외교위원으로 선임되어 활발히 활동했다. 기옥도 좀 더 적극적으로 독립운동을 하고 싶어 부인회 활동을 하기로 마음먹었다. 여러 단체로 나뉘어 활동하던 부인회 역시 통합하면 영향력도 커질 것이라는 생각이 들었다. 기옥은 조선민족혁명당 부인회 김순애(김규식의 부인)를 찾아 설득하고, 한국독립당 부인회 방순희 등을 만났다. 기옥의 생각에 뜻을 같이하는 부인들이 모이고 움직여, 마침내 1943년 2월 23일에 한국애국부인회 결성식이 열렸다.

3·1 운동 직후 상하이에서 만들어진 대한애국부인회 회장이었던 김순애가 한국애국부인회 주석이 되었다. 임시정부 의정원의 최초의 여성의원 방순희가 부주석이 되었으며, 대동단 총재 김가진의 며느리이자 독립운동가 김의한의 아내인 정정화, 한국혁명여성동맹 감찰위원을 지낸 최형록, 광복군 총사령부 정령대우 비서로 활동한 김윤택이 간부로 선임되었고, 기옥은 사교부 주임을 맡았다.

한국애국부인회는 중국에서 살고 있는 독립운동가들의 자녀들을 교육하고 《부녀의 앞길》이라는 잡지를 발행했다. 또 홍보활동도

중시해서 한국 여성들에게 독립운동에 더 분발하라는 호소 방송도 했으며, 세계 각지에 흩어져 있는 한인 여성단체들과 긴밀하게 연락을 하면서 임시정부를 지원했다. 광복군을 위문하기 위해 위문품을 모금하는 등 다양한 방법으로 독립운동을 했다. 여성 독립운동가들은 항일과 민족해방운동을 통한 민주주의 공화국 건설을 독립운동의 궁극적 목표로 삼아 열심히 활동했다.

어느 날, 부인회 회원들은 일본군에 끌려온 위안부 여성들을 만났다. 아무것도 모르는 상태에서 납치를 당해 끌려왔다는 사람, 공장에 취직시켜 준다는 말에 집을 나왔다가 끌려온 사람, 공부를 시켜 준다는 말에 끌려온 사람 등 모두가 속아서 끌려온 사람들이었다. 나라가 없어지고 힘이 없으니 백성들이 고통을 받는 시대였다. 힘이 약한 여성들은 특히 더 고통을 받았다. 기옥과 부인회 회원들은 나라 없이 고통받는 현실을 또다시 눈으로 보자 괴로웠다.

1943년 6월, 최용덕이 찾아왔다. 중국 공군인 그가 임시정부와 중국 정부의 협의에 따라서 광복군을 돕기 위해서였다. 특히 광복군 비행대를 만들겠다는 좋은 소식을 안고 왔다. 항상 비행기 조종사로서 조국 해방에 도움이 되고 싶었던 기옥은 비행대를 창설하겠다는

✈ **알아두면 좋은 역사 상식**

1945년 해방 전의 상황

일제의 중국 대륙 침략으로 상하이에 있던 대한민국 임시정부는 난징, 광저우, 창사 등으로 옮겨다니다가 충칭에 정착했다. 1940년에 임시헌법을 개정하여 주석제를 도입했고, 3월 13일에 김구가 주석이 되었다. 임시정부는 1940년 9월 17일, 중국 국민당의 지원으로 지청천을 총사령으로 하는 한국광복군을 조직했다. 1941년 11월 28일에는 조소앙의 삼균주의(정치적 균등, 경제적 균등, 교육적 균등을 주장)를 채택하고, 보통선거를 통한 민주공화국의 수립 등의 내용을 골자로 하는 건국 강령을 발표했다. 1941년 12월에 일제가 미국 하와이 진주만을 기습 공격함으로써 태평양 전쟁이 발발하자, 임시정부는 3일 뒤인 12월 10일 일본에 선전포고를 했다.

1942년, 사회주의 계열인 김원봉이 조선의용대 총본부를 이끌고 충칭으로 와서 한국광복군에 편입했다. 광복군은 영국군의 요청으로 인도-미얀마 전선에서 공작 활동을 수행했으며, 미국 OSS(미군 전략정보처)와 함께 국내에 들어와 일본군을 몰아내는 작전을 실행하려 했다.

그러나 일제가 1945년 8월 15일에 항복을 하면서 이 작전은 실행에 옮기지 못했다. 만약 일본이 조금만 더 늦게 항복을 해서 이 작전이 실제로 수행되었고 작전이 성공했다면, 임시정부와 한국 광복군은 승전국이 되어 스스로 독립을 성취해 냈을 것이다. 그리고 남북이 분단되지 않았을지도 모른다. 일본의 항복은 우리나라의 힘으로 만든 것이 아니었기에 임시정부는 마냥 좋아할 수만은 없었다.

소식에 매우 기뻤다.

드디어 1943년 8월 19일, 임시정부 군무부 산하에 공군설계위원회가 구성되었다. 권기옥·이영무·김진일·김철남·윤기섭·이상정·권일중·최용덕이 위원으로 참여했다. 공군설계위원회는 한국 비행대 편성과 작전계획을 짰다. 공군의 필요성은 누구나 절감했지만 임시정부가 당장 공군을 창설할 수 있는 상황은 안 되었다. 그렇지만 설계는 공군 건설의 첫발이라고 할 수 있다. 공군건설계획 수립이 우리나라 공군 창설에 있어 중요한 시작점이라는 의미가 있다.

그 당시(2차 세계대전) 연합군은 비행기와 잠수함으로 한반도에 특수대원을 침투시켜 철로와 주요 기관을 폭파하려는 계획을 세우고 있었다. 임시정부는 미국과 한미연합작전을 성사시켰다.

그 임무를 맡은 대원을 실어 나를 비행기 조종사로서 기옥이 일할 수 있게 되었다. 기옥은 비행기로 특수대원을 실어 나르는 것은 물론 목표물을 직접 폭격할 자신도 있었다. 2년간의 준비 끝에 1945년 3월 '한국광복군 비행대의 편성과 작전' 계획안이 임시정부 의정원에 제출되었다. 기옥은 그렇게도 기다리던 순간이었던, 비행기를 몰고 일본을 무찌를 수 있는 기회가 오자 가슴이 벅차올랐다.

5. 새로운 시대, 교육으로 준비하다

기옥은 평양에서 외국인 비행사의 곡예비행을 보면서 비행사를 꿈꾸었고, 중국에서 비행사가 되어 일제를 무찌르는 독립운동을 했다. 기옥뿐만이 아니라 수많은 독립운동가들의 노력으로, 이제 해방을 맞았다.

새로운 시대에는 새로운 일을 해야 하는 법이다.

기옥은 자신이 살아온 과정을 되돌아보면서 교육의 중요성을 몸소 깨달았다. 숭현소학교 시절 선생님들의 가르침은 기옥의 눈을 뜨게 해 주었고, 독립운동의 길로 나서게 해 주었다.

나라의 부강은 교육에서 나온다는 신념으로 교육에 힘쓰기 시작했다. 자신의 전 재산을 털어 장학금을 마련했다.

드디어 해방의 날이 오다

2차 세계대전이 한창이던 1943년, 이집트의 카이로에서 미국, 영국, 중국이 일본의 무조건 항복과 전쟁이 끝난 뒤 일본의 점령지 반환에 대한 공동선언을 발표했다. 이때 한국의 독립과, 만주와 대만의 중국 귀속이 약속되었다. 이를 '카이로 선언'이라고 부른다.

1945년 7월에는 독일의 포츠담에서 연합국 정상들, 미국·영국·중국의 3개국 대표가 모여서 일본의 항복 조건과 일본이 점령하고 있는 지역의 처리에 대한 선언을 발표했다. 이것이 '포츠담 선언'이다. 항복 조건으로 제국주의적 지도 세력을 제거하고, 전쟁 범죄인을 처벌하고, 연합국에 의한 점령, 일본 영토의 제한, 철저한 민주화 따위를 결정하고, 한국의 독립도 재확인했다.

기옥은 1945년 8월 15일 정오에 집에서 라디오로 일왕의 항복 방송을 들었다. 거리에는 중국 사람들의 "중화민국 만세!" 소리가 가득했다. 한국 사람들도 모두 밖으로 나와 거리에서 "대한독립 만세!"를 부르며 해방을 축하했다. 기옥과 상정도 믿을 수 없는 기쁨에 목청껏 "대한독립 만세"를 외쳤다.

그러나 기쁨도 잠시, 38선을 경계로 남쪽에는 미국이, 북쪽에는 소련이 점령했다는 소식이 전해졌다. 9월이 되었는데도 미 군정은 충칭에 있는 대한민국 임시정부가 서울로 들어오는 것을 허락하지 않았다.

일본의 패망과 조국의 독립을 자나 깨나 오랫동안 기다려 왔지만, 허탈감 같은 것이 몰려왔다. 해방을 맞이하여 무엇을 해야 할지 판단이 서지 않았던 기옥은 임시정부 내무부장 신익희와 이상적인 정치제도에 대해 토론도 하고, 미국과 영국의 정치와 경제에 대한 책을 열심히 읽고 공부하며 지냈다.

상하이에 있는 동포들의 요청으로 기옥과 상정은 다시 상하이로 와서 동포들을 한국으로 귀국시키는 일을 도왔다. 동시에 동포사회의 치안을 유지하는 데 힘썼다. 특히 상정은 동포들에게 강연회를 여는 등 동포들 계몽에 발 벗고 나섰다. 중국인들이 보상금을 노리고 한국인들을 '일제의 앞잡이'로 고발하기도 했는데, 상정은 이렇게 억울한 동포들을 돕기도 했다.

그러던 1947년, 상정은 어머니의 사망 전보를 받고 급하게 귀국했다. 그런데 귀국한 지 두 달이 채 안 되어 상정이 뇌일혈로 쓰러졌다. 상정은 그 뒤로 다시 회복하지 못하고 세상을 떠났다. 나중에서야 기옥의 동생 권기복이 상정의 사망 소식을 편지로 보내주어 알았다. 이때 기옥은 상정이 자신과 결혼하기 전에 이미 부인과 아들, 딸이 있었다는 사실을 알았다. 남편 상정이 멀리서 죽은 것도 기가 막히는 노릇인데, 자신과 결혼하기 전에 이미 유부남이었다는 사실을 숨겼다는 것에 원망이 몰려왔다. 멀리 중국까지 와서 독립운동을 하며 서로 의지하고 살았는데, 그간의 삶이 너무 허상이었다는 생각이 들었다. 기옥은 가슴이 더욱 아팠다.

서울로, 조국의 품으로 돌아오다

기옥은 망명 생활을 모두 정리하고 1948년 12월 6일에 마침내 인천으로 귀국했다. 평양을 떠나 중국으로 간 지 28년 만이었다. 부모님은 해방 전에 이미 돌아가신 뒤였고, 월남하여 서울에 살던 언니 가족과 남동생 부부를 만났다. 그러고는 다시 상하이로 갔다. 1949년 중국 공산당이 양쯔강을 건너 진격해 왔다. 이미 중국 대륙은 공산당의 수중에 들어가 있었다. 기옥은 서둘러 상하이를 떠나 국민당 정부를 따라서 타이완으로 몸을 피했다가 1949년 5월에 서울로 왔다. 이번에는 완전히 귀국한 것이다.

당시 제헌의회 국회의장이었던 신익희를 만나 대한민국 국회 국방위원회 전문위원으로 일하기로 했다. 제헌 국회의원이 200명이었는데, 여성 전문위원은 기옥 오직 한 사람뿐이었다. 오랫동안 중국군으로 일한 경험이 있고, 영어와 중국어도 잘했던 기옥이 꼭 필요했던 자리였다. 이후 기옥은 1955년까지 국방위원회 전문위원으로 재직했다. 해군은 창설된 상태였으나 아직 공군이 창설되지 않은 때였는데, 공군 창설 준비를 하고 있다는 말에 기옥은 더욱 기뻐하며 참여하기로 했다.

중국에서부터 같이 일했던 최용덕이 국방부 차관이었고, 이영무는 육군항공군 사령관이었다. 거기에 여자항공대가 창설된다는 소식은 기옥을 흥분시키고도 남았다.

1949년 10월 1일, 대한민국 공군이 창설되었다. 1950년 5월에는 캐나다에서 항공기 열 대를 구입하여 '건국기'라 이름 짓고, 편대를 짜서 서울 하늘을 비행했다. 이때 기옥은 '공군의 어머니'라는 별칭을 얻었다.

1950년 6월 25일에 한국전쟁이 터지자 기옥도 피란을 갔다. 한 달여 뒤 유엔군이 한국전쟁에 참전하면서 서울이 수복되자 기옥은 서울로 돌아왔다. 뒤이어 평양이 수복되자 기옥은 평양에 가 보고 싶어졌다. 숭의여학교 시절 송죽회의 가입을 권유하고 송죽회 활동을 할 수 있도록 해 준 은사 박현숙 선생님과 함께 평양을 찾아갔다. 기림리 비행장에서 내려 장대현 교회를 찾아갔고, 그 옆에 있는 기옥의 집을 찾았다. 30년 전 떠날 때와 똑같은 모습으로 있었다. 세월의 무게만큼이나 집을 바라보는 기옥의 마음은 쓸쓸했다.

　　1950년 10월 25일, 중공군의 공격을 받아 국군은 다시 후퇴하기 시작했다. 국방위 전문위원인 기옥은 미군기를 타고 국민방위군

사건, 지리산 공비토벌 현장, 최전방 격전지 등을 누볐다. 1953년에 한국전쟁은 끝났다. 이때 한반도는 휴전선을 경계로 해서 남북으로 나누어졌다. 그 분단은 지금까지도 계속되고 있다.

새로운 길을 날다

8·15 광복 후 제헌국회의장, 제2대 국회의장을 지냈던 신익희가 1956년 5월 5일에 갑작스럽게 사망했다. 신익희는 이승만 정권을 갈아치울 민주당의 대통령 후보로 부각되고 있었다. 그런 그가 호남으로 유세하러 가던 열차 안에서 갑자기 사망한 것이다. 모두의 희망이 사라졌다. 기옥도 정계를 은퇴했다. 신익희 무덤에 기옥 자신의 정치적 꿈도 묻었다.

그 뒤 기옥은 그동안 몸담았던 '군대'와는 다른 길을 걸었다. 역사를 제대로 기록하는 민족이야말로 미래가 있다는 믿음으로 역사가 살아 있는 나라를 꿈꾸며 출판사업을 벌였다. 1957년부터 1972년까지 16년간 《한국연감》 발행인으로 발간 사업에 뛰어들었다. 재정이 어려워 발간 사업 역시 어려웠지만 역사를 기록한다는 것이 그 무엇보다 중요한 일이라는 자부심으로 열심히 일했다. 그 결과 1966년에는 국내 최초의 유일한 여성 출판인으로 신문에 소개되기도 했다.

1967년 4월 26일, 3·1 운동에 참여했던 여성 독립운동가들을 중심으로 3·1여성동지회가 창립되었다. 이에 기옥은 3·1여성동지회가 주최하는 3·1 운동 기념식에 참석하는 등 사람들이 3·1 정신을 이어받을 수 있도록 힘썼다. 그 결과 3·1여성동지회는 지금까지도 자주독립정신을 계승하고 선양사업과 다양한 사회봉사활동을 펼쳐 오고 있다.

기옥은 1966년부터 1977년까지 한중문화협회 부회장을 지냈다. 한중문화협회는 1965년 12월에 창립되었다. 1971년 10월에는 자유중국 정부의 초청을 받고 한중문화친선협회 임원 자격으로 타이완을 방문했다. 국회의사당에서 국빈 대접을 받았으며, 장제스의 다과회에도 초청을 받았다. 그 자리에서 1935년에 기옥에게 선전 비행을 요청했던 쑹메이링을 만나 지나간 옛이야기를 나누었다. 자유중국 정부로부터 '중화민국 비행훈장'과 '공군 일급상장'을 받았다.

기옥은 자신의 삶을 정리하면서 독립운동의 여정을 기록하기도 했다. 1967년 《신동아》 8월호에 자신의 삶을 정리하는 글 「나는 한국 최초의 여류 비행사」를 써서 제목처럼 자신이 한국 최초의 여성 비행사임을 알렸다. 이어서 1978년에는《한국일보》에 1월 25일부터 2월 28일까지 「나의 이력서」라는 글을 연재했다. 《신동아》에 썼던 글보다는 좀 더 자세하게 자신이 살아온 일생을 기록했다. 1981년에는 KBS 라디오 방송국에서 '인물 춘추—최초의 여성 비행사 권기옥'이라는 제목으로 권기옥의 일대기를 방송했다. 이러한 기록들은 기옥이라는 개인의 삶을 이해하는 데에도 도움이 되지만, 기옥이 살았던 당시의 독립운동이 어떻게 진행이 되었고, 누구와 함께 했었는지를 알 수 있는 중요한 자료가 된다.

1968년 3월 1일에 대한민국 정부에서 주는 대통령 표창장을 받았고, 1977년에는 대한민국 건국훈장 국민장(1990년에 독립장으로 조정됨)을 받았다. 1972년에는 기옥에게 재향군인회 명예회원증이 수여되었다.

기옥은 또한 나라가 부강하려면 교육이 중요하다고 생각했다. 기옥은 숭현소학교 시절, 김경희 선생님을 비롯한 많은 선생님에게서 역사교육을 받아 민족 문제와 독립에 관심을 갖게 되었다. 그 선생님들 덕분에, 그리고 그때 받은 교육 덕분에 자신이 지금까지 살아

오고 나라 독립에 힘써 온 것임을 잘 알고 있었다. 다시는 일제 강점기 같은 치욕적인 일을 겪으면 안 된다고 생각했다. 교육의 중요성을 깊이 절감한지라 기옥은 공부하려는 대학생들에게 장학금을 주었다. 1975년에는 기옥의 재산을 일부 처분하여 1천만 원의 기금을 마련하여 8명의 학생에게 한 학생당 한 학기에 10만 원의 장학금을 주었다. 장학회를 등록하려면 당시 3천만 원이 필요했기에, 갖고 있던 돈에다 기옥의 집인 장충동 2층 목조건물을 장학기금에 포함시키기도 했다. 1985년에는 모든 재산을 정리해 대학 장학회에 전달하기도 했다.

스스로 비행사가 되고자 누구도 가 보지 않은 길을 가고, 여성의 한계를 극복하며 우리나라 최초의 여성 비행사가 되어 10년간 1,300시간의 비행 기록을 남기며 하늘을 누빈 여성 독립운동가 권기옥은 1988년 4월 19일, 숨을 거두었다. 그의 유해는 국립서울현충원 애국지사 묘에 안장되었다. 국가보훈처는 그의 업적을 기려 2003년에 기옥을 '8월의 독립운동가'로 선정했다.

국민혁명군 항공대 시절의 권기옥(1928).

지은이 박세경

멍하니 하늘을 바라보는 것을 제일 좋아합니다. 요즘은 집 창문에 별 모양의 등을 달아 놓고, 매일 저녁이면 줄지어 늘어선 별들이 반짝반짝 빛나는 것을 즐기고 있어요. 우주에 온 기분으로 어릴 적 꿈과 앞으로 이룰 꿈에 대해 생각한답니다.
숙명여대와 홍익대학원을 졸업하고 책 만드는 일을 하면서 대학에서 강의도 했어요. 지은 책으로는 『곱구나! 우리 장신구』, 『택리지』, 『바른생활 상식』, 『놓치면 안 될 우리 아이 책』이 있고, 번역한 책으로는 『악어가 안경을 썼어요』, 『밤은 무섭지 않아』가 있어요.

그린이 김세진

그림책은 상상의 세계를 담을 수 있어서 좋다. 제19회 비룡소 공모전 그림책 부문 '황금도깨비상'을 받았다. 창작 그림책으로 『양들을 부탁해』, 『달을 삼킨 코뿔소』, 『안녕, 냐옹』 등이 있고, 그림을 그린 책으로 『바느질 소녀』, 『사랑에 빠진 도깨비』, 『어떤 동물하고 친구할까?』, 『있다』, 『호랑이는 내가 맛있대』 등이 있다.

우리나라 최초의 여성 비행사
권기옥

1판 1쇄 인쇄 2021년 5월 25일
1판 1쇄 발행 2021년 5월 30일

지은이 박세경 | 그린이 김세진
펴낸이 조추자 | 펴낸곳 두레아이들 | 등록 2002년 4월 26일 제10-2365호
주소 서울시 마포구 독막로 100 세방글로벌시티 603호
전화 02)702-2119(영업), 703-8781(편집)
팩스 02)715-9420 | 이메일 dourei@chol.com | 블로그 blog.naver.com/dourei

* 책값은 뒤표지에 적혀 있습니다. 잘못 만들어진 책은 구입하신 곳에서 바꾸어 드립니다.

ISBN 979-11-91007-06-0 73990